D0451907

EL APRENDIZAJE DE LOS INSTRUMENTOS DE VIENTO MADERA

Juan Mari Ruiz

EL APRENDIZAJE DE LOS INSTRUMENTOS DE VIENTO MADERA

MA
NON
TROPPO

© 2017, Juan Mari Ruiz

© 2017, Redbook Ediciones, s. l., Barcelona

Diseño de cubierta: Regina Richling

Diseño interior: Amanda Martínez

ISBN: 978-84-946961-3-8
Depósito legal: B-19.292-2017

Impreso por Sagrafic, Plaza Urquinaona, 14 7º 3ª, 08010 Barcelona

Impreso en España - *Printed in Spain*

Para Ainara, Ane y Urtzi.

ÍNDICE

ÍNDICE DE EJERCICIOS

Articulación

Mecanismo

PREFACIO

¿Por qué este libro?

Cuando Martí Pallàs me encomendó la redacción de un libro sobre estrategias y planificación del estudio y con consejos para trabajar eficazmente la técnica de los instrumentos de viento madera, el punto de partida para organizar mi trabajo fue muy simple: ¿qué buscaría yo en un libro como ése?

Por una parte existen innumerables métodos de estudio para cada uno de los instrumentos y, por otra, una extensa literatura teórica sobre acústica, didáctica, respiración, historia de los instrumentos y de su fabricación y acerca de la interpretación en cada época. Pero no encontré ninguno que uniera estas dos facetas, la teórica y la práctica, en un volumen que resultara fácil de utilizar para la persona interesada y explicara de forma clara pero exhaustiva el porqué de cada ejercicio, cuáles son los fenómenos físicos y psicológicos implicados en el hecho de tocar y qué está ocurriendo en realidad cuando lo hacemos, más allá de los trucos e imágenes mentales tan útiles que utilizamos para facilitar la producción de un determinado sonido con nuestro instrumento.

Mi intención es describir el funcionamiento exacto de cada aspecto técnico y con qué tipo de ejercicios se puede trabajar, y al mismo tiempo ofrecer unas pautas sobre cómo organizar el tiempo estudio de forma que éste sea lo más eficiente posible.

Para ello insistiremos en las tres ideas principales que tenemos que tener siempre presentes al estudiar:

> Es importante comprender en todo momento qué estamos haciendo con el instrumento.

> Necesitamos saber cómo lo estamos consiguiendo, para poder introducir posibles mejoras.

> Debemos decidir cuál es su propósito en nuestra evolución como instrumentistas.

Me embarqué en este proyecto teniendo presente lo que me enseñaron mis profesores, continuando con el análisis de los ejercicios que habitualmente se utilizan en cada instrumento y uniendo a todo ello la experiencia que me han proporcionado más de veinticinco años en la docencia y lo que cada día sigo aprendiendo con mis colegas y mis propios alumnos.

El mayor desafío fue encontrar el punto justo de equilibrio para que ofreciera propuestas concretas que sirvieran igualmente a flautistas, oboístas, clarinetistas, fagotistas y saxofonistas, pero que también fuera lo bastante amplio como para ser útil para todos a la vez. Para ello he contado con la inestimable colaboración de compañeros y amigos de todos esos instrumentos, que con sus acertados consejos han ayudado a dar forma a este libro.

> Este libro no es un manual de iniciación o de los del tipo *hágalo usted mismo*, y por supuesto no pretende sustituir la labor de los profesores, sino que está pensado para ser un complemento a la misma. El mejor de los libros nunca podría sustituir a un buen profesor y a la propia experiencia personal.

El libro que tienes entre las manos está pensado para fomentar el interés de los estudiantes ya iniciados en el aprendizaje de su instrumento y para servir de apoyo a los profesores encargados de guiar el progreso de sus alumnos.

Confío en que sirva de orientación a todos ellos y estimule su curiosidad y ganas de seguir aprendiendo.

Cómo utilizar este libro

El principal objetivo de este libro es ofrecer una visión completa del estudio de un instrumento de viento madera y proporcionar respuestas, o al menos propuestas que susciten la reflexión, sobre cada uno de los aspectos involucrados en la interpretación. Este trabajo está contemplado desde dos perspectivas diferentes pero complementarias:

▶ En la primera parte del libro se describe cómo se puede conseguir una visión global y objetiva del proceso de aprendizaje sabiendo elegir de forma personalizada objetivos ilusionantes y motivadores, y también cómo plantear una estrategia de estudio efectiva que permita progresar rentabilizando el esfuerzo.

▶ La segunda parte está dedicada al nivel más concreto del estudio de la técnica instrumental, con explicaciones teorico-prácticas y descripciones de tipos de ejercicios que permiten llevar a cabo de forma organizada el trabajo técnico que facilita la consecución de los objetivos interpretativos fijados.

Al inicio de cada capítulo se ofrece una explicación teórica concebida para animar al estudiante y al profesional a reflexionar y profundizar en el conocimiento de cada aspecto involucrado en el hecho de tocar. También se ofrecen consejos, experimentos y citas célebres que ayudan a la comprensión de los conceptos explicados.

Quien prefiera una guía más directa puede pasar directamente al apartado práctico de cada capítulo, donde se describen múltiples tipos de ejercicios y las características principales de cada uno, y se ofrecen consejos sobre su realización.

Al principio del libro se puede consultar el índice de ejercicios para encontrar rápidamente el que se estime más conveniente en cada caso.

PRÓLOGO: EL APRENDIZAJE DE UN INSTRUMENTO

Antes de empezar con el estudio es necesario adquirir una visión general del proceso y reflexionar acerca de qué es lo que realmente se quiere conseguir y si se está dispuesto a dedicar el trabajo y el esfuerzo que inevitablemente requerirá. En esta decisión intervienen múltiples factores, unos personales y otros externos, pero la clave para facilitar la constancia y el compromiso con el trabajo es saber encontrar y mantener constante la imprescindible motivación personal para llevarlo a cabo. Una persona motivada consigue sacar mucho más provecho del trabajo, y con mejor ánimo.

➤ **Consejo:**

• No des nada por sentado. Cuestiona, pon en duda toda la información que llegue a tus manos, incluida la de este libro, hasta que la hayas comprobado personalmente.

• Utiliza el **pensamiento crítico** para organizar tu estudio.

• Investiga, pregunta, hasta averiguar cómo se hace cada cosa.

• Experimenta hasta saber qué opción es la más conveniente para ti.

Una vez decidido qué se quiere lograr, se debe reflexionar acerca de cuál puede ser la estrategia de trabajo más efectiva para cada estudiante, ya sea alumno o profesional, de forma que la carga de trabajo sea asumible y facilite el afianzamiento de sus progresos. Para eso hay que establecer una planificación y secuenciación de contenidos que evite solapamientos entre ellos y haga que las destrezas que se van adquiriendo sean una base sólida para las que se conseguirán más adelante. No basta con seguir una programación general, el aprendizaje tiene que ser siempre personalizado y estar adaptado constantemente a las necesidades del estudiante o del profesional, según las necesidades que vaya teniendo en su trabajo.

Éste es el momento de trazar el mapa del camino que lleve a alcanzar los objetivos fijados, comprometerse, y poco a poco recorrerlo en su totalidad. La constancia es la clave de la consecución del éxito. De nada sirve superar un día una larga distancia si se está parado al día siguiente. La acumulación de trabajo regular y asimilable en duración y dificultad dotará al estudiante de las destrezas que necesita para desenvolverse sin dificultad con su instrumento.

La estrategia de estudio debe estar siempre adaptada a cada instrumentista: muchos caminos conducen a la meta, aparentemente, pero no todos ellos son adecuados para todas las personas. Algunos llegarán más rápido por un lado y otros por otro, aunque al final todos consigan llegar. Pero si uno escoge el camino equivocado, aunque sea el que sigue la mayoría, puede perderse en el bosque y dar rodeos que le hagan perder el tiempo y la ilusión. Ésa es la razón de que un esquema de estudio estandarizado no sea igual de efectivo para todos los estudiantes, e incluso puede no serlo para una misma persona en determinadas etapas de su vida personal y como instrumentista. En el camino del aprendizaje surgen imprevistos, obstáculos que hay que salvar, y hay otros momentos en que el caminar es más sencillo y agradable. Es importante comprobar cada poco tiempo que el camino elegido sigue siendo el más seguro y el que hace avanzar más fácil y rápidamente.

Si no está siendo así, se hace necesario encontrar el porqué, volver a mirar el mapa, quizá dar un rodeo, y continuar por un sendero distinto.

El estudio de la técnica

La segunda parte del libro trata específicamente del estudio de la técnica de los instrumentos de viento-madera. Los instrumentos de esta familia se diferencian entre sí en la forma en que el paso del aire produce el sonido, al rozar el bisel de la boquilla de la flauta, al poner en vibración la caña del clarinete o del saxofón, o la doble lengüeta del oboe o el fagot. Esto hace que la embocadura de unos y otros sea distinta pero, por otro lado, todos ellos comparten la necesidad de una correcta utilización de la columna de aire, el uso de la lengua para la articulación y la utilización de un sistema de llaves que facilita el cambio de notas, de forma que gran parte del trabajo técnico es similar en todos ellos.

Cada uno de los instrumentos posee su propia colección de métodos y libros de estudios adaptados a sus propias características técnicas, pero es fundamental que en el momento de acometer el estudio se comprenda cuál es la finalidad de cada ejercicio, qué aspecto técnico pretende trabajar, en qué detalles importantes hay que fijarse, cuáles son los errores más comunes y la forma de solucionarlos, y de qué manera puede beneficiar al estudiante ese ejercicio en concreto. Esta comprensión favorece la motivación mencionada más arriba, porque proporciona la confianza de que el trabajo que se está realizando será beneficioso y el porqué. En este libro se analizarán todos los aspectos que intervienen en el hecho de aprender un instrumento, de forma que cada persona que estudia pueda utilizar en cualquier etapa de su vida como instrumentista aquellos ejercicios que más le convengan de entre el repertorio de su instrumento, pudiendo escoger en cada momento con criterio y sin caer en la monotonía y el aburrimiento.

La realización regular y sistemática de ejercicios de sonido y de mecanismo constituye un buen entrenamiento para el instrumentista: al igual que un atleta hace ejercicios de gimnasio que fortalecen su musculatura y le preparan para la práctica de su deporte, el estudio de la técnica proporciona al instrumentista la agilidad, flexibilidad, veloci-

dad, y automatismos necesarios para afrontar confortablemente el repertorio. La perfección técnica no es el fin último del instrumentista,
sino el ofrecer al público una interpretación que le conmueva, pero estas habilidades adquiridas con el estudio son necesarias para proporcionar al intérprete un dominio suficiente de su instrumento que le permita expresarse con él con entera libertad. Con un buen nivel técnico es
más fácil concentrarse en la parte musical de los estudios y obras del
repertorio, en vez de encontrarse en ellos con problemas que se podrían
haber evitado con un trabajo específico.

El estudio técnico diario es también un buen calentamiento que
previene lesiones y posibles problemas técnicos de postura, emisión,
articulación, embocadura o digitaciones incorrectas o forzadas, a la vez
que mejora la seguridad para tocar cualquier nota en cualquier tesitura
o matiz, proporciona una variada gama de recursos que el instrumentista podrá utilizar para enriquecer su interpretación y mejora el control
de la afinación.

Por último, es importante resaltar que no basta con comprender la
teoría de un ejercicio, hay que repetirlo el número suficiente de veces
para que quede automatizado. No son necesarias largas sesiones de trabajo de este tipo, salvo que se desee trabajar un tema específico o resolver un problema que se haya presentado en un momento dado, pero la
regularidad en el estudio es indispensable.

> **Consejo:** practica cada ejercicio hasta que te salga de for-
ma automática y relajada. Son más importantes tus sensaciones que la propia repetición del ejercicio.

Para facilitar la comprensión de cada tema y concretar mejor el trabajo, se han dividido los de la segunda parte del libro en cuatro grandes
bloques, explicando los fundamentos de cada uno y proponiendo ejercicios específicos para cada apartado:

▶ Columna de aire

▶ Sonido

▶ Articulación

▶ Mecanismo y digitación

Columna de aire. En este capítulo se describe la formación y el funcionamiento de la columna de aire como base de la emisión en todos los instrumentos de esta familia, pero también como una útil herramienta para relajar la musculatura y conseguir una interpretación más fluida. Se explican los fundamentos de la respiración diafragmática y las sutiles diferencias entre los instrumentos, con ejercicios que facilitan la percepción de la misma en los principiantes y la profundización en su control por parte de los estudiantes más avanzados.

Sonido. El mecanismo de emisión es diferente entre las flautas, los clarinetes y saxofones y los oboes y fagotes, pero con todos ellos se debe

conseguir un sonido de calidad, estable, afinado y controlado en toda la tesitura del instrumento. En el libro se describe la relación entre la cantidad de aire y su velocidad con la intensidad y altura del sonido y, partiendo de lo trabajado en el capítulo dedicado a la columna de aire, se proponen ejercicios que facilitan la estabilidad y control de la emisión, prestando especial atención a la percepción que tiene el instrumentista del gesto que está realizando y su repercusión en el sonido. De esta forma puede sacar el máximo beneficio de los ejercicios de emisión y embocadura ya publicados y específicos de su instrumento.

Articulación. La forma en que se pronuncia cada nota es un recurso expresivo muy importante y no siempre bien tenido en cuenta. No es suficiente con atacar una nota o no hacerlo. Existen infinitas variantes en lo que respecta a cómo se pronuncia una nota, cómo se corta o cómo se relaciona con las demás que influyen en el estilo y en la coherencia del fraseo. Se debe buscar un ligado suave y flexible, el picado puede ser sutil o más marcado, las notas pueden ser acentuadas o no con cualquier matiz o articulación, etc. Con los ejercicios del capítulo sobre articulación se busca conseguir una paleta de articulaciones variadas que permita al intérprete utilizar en todo momento la más adecuada según el contexto musical.

Mecanismo y digitación. Todos los instrumentos de la familia disponen de un sistema de llaves más o menos complejo para facilitar el cambio de notas, aunque sus ancestros, con la excepción evidente del saxofón, eran instrumentos de construcción más simple prácticamente desprovistos de llaves. Todo instrumentista tiene que conseguir un paso fluido entre las notas, con regularidad en la pulsación y sincronización entre los dedos, independientemente de la complejidad de la digitación, y sin afectar al fraseo y la articulación. Los ejercicios que se proponen están basados en la repetición de intervalos con ritmos diferentes que, unidos a una buena colocación de la columna de aire y a una buena emisión, proporcionan un movimiento de los dedos controlado, ligero y preciso.

Al final del libro se dan una serie de consejos para que cada instrumentista pueda crear su propia rutina de estudio, adaptada a sus necesidades. Ésta le permitirá progresar con un buen aprovechamiento del tiempo de estudio.

> ➤ **Consejo.** Aunque pueda parecer paradójico en un libro dedicado a la planificación y al estudio de la técnica instrumental, la conclusión del mismo no puede ser otra que esta: **la técnica no es un fin en sí misma, sino un medio para facilitar la interpretación.** Un músico con grandes ideas musicales pero con una técnica pobre siempre estará limitado y su interpretación se resentirá, pero un instrumentista únicamente concentrado en la perfección técnica resultará frío para su auditorio. La proporción justa entre dominio técnico y sentimiento musical es la clave para una interpretación segura y con capacidad comunicativa.

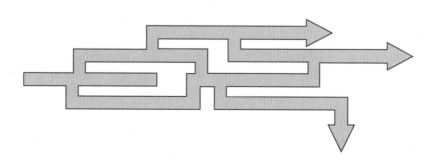

PRIMERA PARTE

ESTRATEGIAS DE ESTUDIO

1

¿POR QUÉ QUIERES TOCAR UN INSTRUMENTO?

Dominar un instrumento requiere muchas horas de dedicación. No basta con desearlo, hace falta invertir tiempo y esfuerzo. Que esa inversión sea llevadera y estimulante depende de múltiples factores, pero está basada sobre todo en comprender y tener siempre presente qué es lo que se pretende conseguir, y en una buena organización del tiempo y el tipo trabajo.

Son muchos las razones que pueden animar a embarcarse en el estudio de un instrumento, y muy diversas las aspiraciones de cada cual, que además pueden verse influidas por las circunstancias personales y del entorno. Por ejemplo:

- Decisión personal.

- Elección animada por el ambiente familiar o social.

- Disponer del instrumento como una afición practicada con seriedad.

- Utilizar la música como terapia.

- Conocer personas con las que compartir el tiempo libre.

- Ampliar conocimientos culturales y artísticos.

- Buscar un un futuro profesional.

Todas estas motivaciones son válidas e igual de importantes para cada una de las personas. No se debe caer en el error de menospreciar las razones y los objetivos de los demás, pero tampoco los personales si se observa que otras personas tienen aspiraciones en apariencia más elevadas. Cada cual puede, en la medida de sus posibilidades y aptitudes, convertir la música en una parte importante de su vida que le ayude a sentirse mejor y a tener confianza en sí mismo, y que contribuya a su realización personal. Puede que nunca llegue a ser un concertista, o quizá sí, lo importante es que las ambiciones y metas sean coherentes con la realidad de cada persona.

Es fundamental para realizar un estudio efectivo y que a la vez resulte gratificante reflexionar e interiorizar el porqué se quiere hacer, tanto si se es un estudiante o un aficionado como un profesional. Esta reflexión ayudará mucho en los momentos de desánimo, al recordar los motivos que un día hicieron que la música pasara a ser una parte importante de la propia vida.

Las razones iniciales pueden ir evolucionando con el tiempo y dar lugar a otras aspiraciones más ambiciosas o se puede, por el contrario, aprender a valorar lo conseguido desde una perspectiva más realista y apreciarlo desde un punto de vista insospechado al principio.

Tener siempre presentes estos motivos es imprescindible para mantener la ilusión en el proyecto que se ha emprendido, y dará la medida de la exigencia adecuada en cada caso.

> Encuentra una buena razón para todo lo que haces.
>
> *Lawrence Olivier* (1907-1989)

Ilusión

La ilusión por ir alcanzando pequeños objetivos que poco a poco vayan conduciendo a uno mayor es el motor fundamental de la motivación que se necesita para realizar el imprescindible trabajo de estudio. Aun cuando no se pretenda alcanzar un nivel profesional y el objetivo personal no vaya más allá de sentirse a gusto tocando piezas en agrupaciones adecuadas al propio nivel, es necesario un mínimo de trabajo para poder disfrutar de la música con seguridad y confianza. A su vez, ese trabajo debe ser siempre ilusionante y motivador para que permita conseguir eficientemente los progresos deseados, a la vez que se va desarrollando una visión optimista del proceso de aprendizaje. Para eso es imprescindible huir de la rutina.

No se trata de caer en el idealismo ni de crearse falsas expectativas, sino de saber encontrar las satisfacciones que el proceso de aprendizaje proporciona por sí mismo, y apreciar todas las oportunidades que el paulatino avance va abriendo. La ilusión por aprender se ve favorecida si se saben aprovechar las ocasiones que se van presentando para disfrutar uno mismo o compartir con otros las destrezas adquiridas, porque es difícil mantener una disciplina personal de estudio si no se tiene un objetivo a la vista. No hace falta que sea un concierto con la mejor orquesta sinfónica o en un gran teatro, cada uno debe saber aprovechar las oportunidades que se le ofrezcan, y si no se presentan, cada uno puede crearlas. ¿Si no lo hacen otros, porqué no tomar la iniciativa?

> La música es sinónimo de libertad, de tocar lo que quieras y como quieras, siempre que sea bueno y tenga pasión.
>
> *Kurt D. Cobain* (1967-1994)

Realismo

La ilusión no está reñida con el realismo. Los objetivos que cada uno se marque deben ser siempre realizables para evitar el riesgo de caer en la frustración, y deben tener en cuenta las circunstancias específicas de cada persona en cada momento, por ejemplo:

- Conocimientos previos.
- Edad.
- Aptitudes y habilidades.
- Posibilidades de tiempo y dedicación.

> Ambiente musical.

> Posibilidades profesionales en su entorno.

Puede ser más ilusionante para la persona un proyecto en apariencia menos importante, pero adecuado a sus capacidades reales y a las circunstancias que le rodean, que uno mayor pero que es a todas luces inalcanzable y que sólo le puede llevar a la frustración. Cada cual debe encontrar el punto justo entre ambición y realismo para aprovechar las oportunidades de disfrute y de mejora de la autoconfianza que la música ofrece.

Si Beethoven hubiera nacido en Tacuarembó, hubiera llegado a ser director de la banda del pueblo.

Eduardo Galeano (1940-2015)

La confianza en uno mismo se ve reforzada cuando se sabe contemplar de forma global lo que se ha podido lograr teniendo en cuenta las circunstancias antes mencionadas y todas las demás que influyen en la vida de la persona. La autoestima no es un valor absoluto, no depende de logros objetivos ni se puede medir con una escala, depende del grado de satisfacción que cada uno consiga con lo que hace, sin compararse con los demás o consigo mismo si las circunstancias hubieran sido diferentes. Muchas personas se sienten más realizadas con actividades más sencillas que otras que desarrollan una labor más importante en apariencia, pero de la que no disfrutan porque ambicionan seguir más allá.

Puede que no sea un compositor de primer nivel, pero soy un compositor de segunda fila de primera clase.

Richard Strauss (1864-1949)

En resumen, el secreto de la autoestima reside en una adecuada relación entre tres factores:

▶ El nivel de autoexigencia.

▶ Las capacidades y circunstancias personales y del entorno.

▶ Los logros reales.

Saber valorar adecuadamente lo conseguido teniendo en cuenta las propias aptitudes y las oportunidades que se presentan, sin caer en la autocomplacencia ni en una exigencia excesiva, requiere un trabajo personal de conocimiento de sí mismo. Una vez realizado, es posible afrontar el estudio, y la vida en general, desde una perspectiva más realista y con mayor seguridad en las propias posibilidades.

Motivación

Un persona decidida a tocar un instrumento debe saber cuatro cosas fundamentales:

▶ Que para progresar debe estudiar.

▶ Qué debe estudiar para sacar partido a su trabajo.

▶ Porqué debe estudiar lo que está estudiando.

▶ Cómo debe estudiarlo.

Se da por hecho que un instrumentista sabe que tiene que estudiar para avanzar o al menos mantener su nivel, pero no siempre se reflexiona debidamente acerca de qué es lo que debe estudiar, porqué debe estudiar eso en concreto y no otra cosa, y cómo puede hacerlo para sacarle provecho.

Aprender sin reflexionar es malgastar la energía.

Confucio (551 a.C.-479 a.C.)

Cómo mantener la motivación

Si no se quiere perder la ilusión por aprender es imprescindible mantener un nivel adecuado de motivación: todo trabajo debe tener una razón clara para que merezca ser realizado y cada día hay que encontrar un aliciente personal para proseguir con la tarea. No basta con redactar un programa de estudios o de enumerar una lista de ejercicios ordenados por niveles, es necesario aclarar que todos ellos tienen una función específica en la evolución del estudiante como instrumentista y explicar cuál es ésta. Este conocimiento favorece la motivación al ofrecer razones concretas para estudiar, sabiendo los beneficios que el trabajo puede reportar, y ayuda a encontrar razones para continuar.

Otra buena forma de mantener el interés es variar el tipo de ejercicio con el que se trabaja un tema concreto: siempre es posible explorar nuevas vías que aporten el estímulo de la novedad sin perder de vista la mejora que se pretende. No hay cosa más contraproducente para mantener la motivación que la repetición sin sentido de ejercicios. Si el hecho de estudiar se convierte en una sucesión monótona de escalas, arpegios y ejercicios, inevitablemente se perderá la motivación a largo plazo. Hay una gran cantidad trabajo técnico por hacer, pero puede ser igual de estimulante si se plantea de la forma correcta, y debe estar bien dosificado para no perder las ganas de estudiar.

También es conveniente ir cambiando regularmente el repertorio de obras, porque es difícil mantener el interés por tocar una misma obra durante varios meses. A menudo es más conveniente trabajarla a fondo hasta que se domina de una forma aceptable y retomarla unos meses más adelante con fuerzas renovadas y las propias capacidades mejoradas. Una buena estrategia suele ser alternar una gran obra del repertorio que ocupe cinco o seis semanas con otras más breves o sencillas que se puedan montar en una par de semanas y sirvan de entretenimiento a la vez que se sigue progresando.

> ➢ **Consejo:** si quieres que tu estudio sea realmente provechoso, busca cada día una razón personal, importante para ti, que te anime a trabajar cada ejercicio.

Otras fuentes de motivación

Un nivel alto de motivación puede mantenerse de forma más fácil si se practican otras actividades, relacionadas o no con la música o con el instrumento, que resulten importantes para la persona, aunque no sea a nivel profesional. Puede ser el deporte, la lectura, la pintura, la fotografía, la escritura, el coleccionismo, las manualidades o cualquier otra. Todas ellas son capaces de proporcionar una cantidad suficiente de alicientes si son practicadas con seriedad.

En los momentos del año en que una actividad parece no ofrecer un interés especial las demás ayudan a llenar ese hueco y conservar el interés por mantenerse y progresar en todas ellas, incluidas las profesionales. Puede haber épocas durante el curso, lejos de las fechas de conciertos y exámenes, en las puede aparecer una sensación de monotonía al no tener un objetivo a corto plazo que sirva de estímulo. Es en esos momentos en los que se pueden utilizar las aficiones para marcarse pequeñas metas que ayuden a mantener un nivel alto de activación. Por otro lado, al no focalizar la atención únicamente en el estudio de la música durante todo el año y diversificar los ámbitos de atención y de interés se previenen comportamientos que pueden llegar a ser obsesivos y causar graves problemas al instrumentista.

La música es la actividad principal y la tarea profesional de muchas personas, que pueden encontrar en otras actividades diferentes ese estímulo complementario, pero para otras personas la música *amateur* es precisamente la actividad que les ayuda en el día a día. En ambos casos, el equilibrio entre la práctica profesional o académica y las otras actividades ayuda a encontrar en todo momento razones para mantener un nivel alto de estimulación que permite disfrutar de todas ellas.

La evolución del aprendizaje y la motivación

El ritmo del aprendizaje varía mucho con el tiempo. Una persona que se inicia con su instrumento tiene muchos alicientes de partida: casi en cada sesión aprende algo nuevo, poco a poco va aprendiendo más notas, le va sonando más bonito, las piezas que aprende son cada vez más complejas y le resulta fácil darse cuenta de sus propios progresos. El problema es que el ritmo de ese avance tiene forma de parábola: al principio se progresa muy rápido, pero poco a poco la velocidad se va estabilizando hasta que llega un momento en que parece difícil apreciar una mejora significativa. Pero aunque se perciba un progreso cada vez menor, los conocimientos y destrezas ya adquiridos se mantienen, y van conformando la base del dominio del instrumento, proporcionando seguridad y confianza.

Cada estudiante debe saber encontrar constantemente estímulos variados que compensen lo que puede percibir como un estancamiento, pero que no es más que el ritmo normal del aprendizaje:

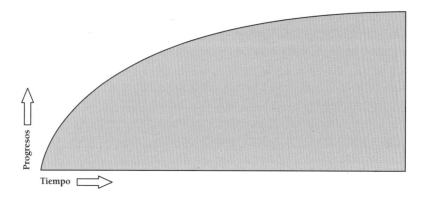

Además, en realidad pocas veces la evolución pocas veces sigue verdaderamente la parábola ideal que se describe más arriba. Siempre aparece, tarde o temprano, algún problema que hay que solucionar o algún aspecto concreto que no acaba de mejorar. Es el momento de parar, reflexionar y, si es necesario, dar un paso atrás, diagnosticar el problema y buscar una solución. Puede que haga falta dedicar mucho tiempo de análisis y de estudio a encontrar el remedio, pero la propia búsqueda, si está bien planteada, proporcionará por sí misma la motivación suficiente.

Estos factores que influyen en la evolución del aprendizaje deben tenerse en cuenta dentro del trabajo personal de autoconocimiento y refuerzo de la autoestima como una circunstancia más que afecta a quien estudia un instrumento. Pretender un progreso uniforme en todas las etapas del aprendizaje y ajeno a los problemas que puedan aparecer sólo puede llevar a la frustración.

Una vez se ha llegado al nivel máximo personal, todo el trabajo estará encaminado a mantenerlo y afianzarlo. La motivación puede encontrarse en ese momento más allá del propio progreso técnico, explorando nuevos repertorios, tocando en agrupaciones diferentes, o simplemente sabiendo apreciar lo conseguido y disfrutar con ello.

> Nunca consideres el estudio como una obligación, sino como una oportunidad para penetrar en el bello y maravilloso mundo del saber.
>
> *Albert Einstein* (1875-1955)

2

PLANIFICACIÓN

Cuando se plantea el trabajo a realizar con el instrumento es importante elegir bien los objetivos se quieren alcanzar y su distribución a lo largo de un período de tiempo determinado. Estos objetivos pueden venir determinados de forma externa, como los debidos a las exigencias profesionales o a tener que superar una determinada prueba, pero también pueden ser metas personales que cada uno se fija libremente para seguir progresando. En ambos casos deben ser metas realmente alcanzables según las capacidades personales y las propias posibilidades de tiempo y dedicación. No se trata de caer en el conformismo, sino de hacerse realmente consciente de las propias aptitudes y circunstancias para sacarles el mayor partido de la forma más efectiva posible con un nivel de trabajo asimilable. De igual modo, en el ámbito profesional también se deben seguir encontrando a lo largo de toda la carrera razones subjetivas que hagan que el trabajo siga resultando ilusionante y motivador.

Tan importante como elegir un objetivo final, como un concierto importante, un examen o un futuro profesional, es escoger otros objetivos intermedios a medio y corto plazo que permitan controlar la evolución en el estudio, hagan ganar confianza y permitan comprobar que la estrategia elegida es la más adecuada. No son pocas las ocasiones en las que el logro de una serie de metas intermedias acaba siendo más constructivo y satisfactorio a largo plazo que el objetivo final inicialmente fijado.

Una vez se han establecido unas expectativas realistas, es necesario planificar la estrategia más adecuada para alcanzarlas aprovechando el tiempo de estudio de la forma más eficiente y estableciendo los necesarios períodos de descanso o menor actividad. No se trata sólo de acumular tiempo de trabajo, aunque también es una parte importante del estudio, sino de escoger los ejercicios y rutinas que lo hagan eficaz y permitan progresar más rápidamente.

La planificación se puede dividir en varias fases:

- **Establecimiento de objetivos.** Los objetivos deben ser siempre realistas y adecuados a las aptitudes y circunstancias personales.

- **Elección de contenidos.** Los contenidos son el conjunto de técnicas, ejercicios, repertorio y actividades que van a ayudar a acercarse a los objetivos marcados.

- **Secuenciación.** La secuenciación es el orden en que se va a trabajar cada elemento de la planificación de forma que los contenidos no se solapen ni interfieran entre sí y cada destreza adquirida facilite la consecución de la siguiente.

- **Realización del trabajo.** Para sacar partido de la planificación establecida es imprescindible el compromiso para mantener la constancia en el estudio. Para facilitar ese compromiso y la autodisciplina que requiere es muy importante conocer en todo momento el porqué de lo que se está trabajando y los beneficios que se pretenden conseguir.

- **Valoración de los resultados.** Se debe analizar y revisar constantemente la estrategia planteada en función de los progresos que se van detectando. Si en determinado momento se comprueba que no está surtiendo los efectos deseados, es necesario plantear una nueva con la experiencia que el trabajo va aportando. En último caso, si a pesar de todo no se aprecia una evolución positiva, se impone reflexionar acerca de si el objetivo marcado era el más adecuado.

Una vez realizado todo el trabajo planeado, la valoración de los resultados puede aconsejar una revisión de la planificación o reiniciar el proceso con la elección de nuevos objetivos más acordes con las circunstancias. Este proceso se repite indefinidamente. Se puede expresar gráficamente con el siguiente diagrama:

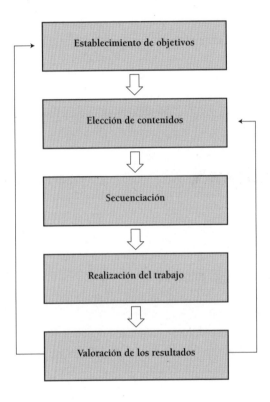

Establecimiento de objetivos

Los objetivos que se establezcan deben estar siempre basados en los conocimientos, habilidades y destrezas ya adquiridos, y ser realizables con un nivel razonable de esfuerzo. Es fundamental ser consciente de lo que se domina y tomarlo como base para, a partir de ahí, ir progresando. Los objetivos ya superados ayudan a mejorar la autoestima y la seguridad, y dan la opción de marcarse metas más ambiciosas o, simplemente, disfrutar de manera más relajada de lo ya conseguido y utilizarlo con facilidad en la interpretación con el instrumento. No se trata de una carrera sin fin en pos de una dificultad cada vez mayor, sino de reflexionar acerca de cuáles son las mejores posibilidades en cada momento.

Los objetivos son de varios tipos:

- Objetivos a largo plazo.
- Objetivos a corto plazo.
- Objetivos intermedios.

Objetivos a largo plazo

Los objetivos a largo plazo pueden ser más o menos ambiciosos y abarcar un gran período de tiempo, o incluso toda una carrera como instrumentista. Son los que sirven de marco a la trayectoria académica o profesional y dan sentido al trabajo. Pueden ser desde aprender un instrumento con el fin de tocar como *amateur* para sentirse mejor y conocer personas con una misma afición hasta grandes aspiraciones profesionales. Estos objetivos, aún siendo muy importantes y condicionar muchos de los de los otros dos tipos, no bastan por sí solos. Si se centra la atención únicamente en aspiraciones del tipo «quiero tocar en una orquesta sinfónica» es muy fácil perder la perspectiva y tener la sensación de que el objetivo está siempre igual de lejano, hasta llegar renunciar a él por no poder apreciar un progreso sensible.

Objetivos a corto plazo

En los objetivos a corto plazo es donde se recibe una recompensa más inmediata; se pueden fijar para cada sesión de estudio o incluso en cada parte de esa sesión. Al ir superando cada uno en un plazo muy breve de tiempo, ayudan a mantener constante la sensación de avance. Por ejemplo, pueden ser cumplir con el trabajo propuesto para cada día o dominar un ejercicio concreto, pero todos ellos tienen que estar integrados en la planificación general que ayudará a conseguir el resto de objetivos a medio y largo plazo. Si todos los objetivos fueran «hoy voy a tocar la lección 27 y mañana ya veremos», sería inevitable perder la orientación y caer en una trayectoria errática que entorpecería la evolución natural del estudio.

Objetivos intermedios

Los objetivos intermedios, secundarios o a medio plazo son muy importantes. En ellos se percibe de forma más objetiva la evolución real con el instrumento, porque tienen un nivel de complejidad mayor que los objetivos a corto plazo y para ser alcanzados es necesaria regularidad en el estudio y cierta acumulación de trabajo. Si están bien elegidos, ayudan a mantener en todo momento un alto nivel de motivación, al tener siempre una meta estimulante y asequible en un plazo de tiempo asumible.

Son objetivos que van más allá del trabajo del día a día y van preparando el camino para alcanzar las metas propuestas a más largo plazo. Puede ser el repertorio a interpretar a final de curso, preparar una prueba de acceso, montar una obra determinada, tocar un concierto ante cierto público o cualquier otro que suponga un reto estimulante. En este caso, tampoco conviene centrarse únicamente en este tipo de metas y limitar todo el estudio a un repertorio concreto, si se cae en la repetición y en la monotonía la pérdida de motivación es inevitable. Conviene ayudarse con los objetivos a corto plazo buscando otras obras, audiciones o conciertos que, por su estilo o nivel técnico vayan acercando a la meta. De esta manera siempre se dispondrá de un objetivo importante en el horizonte, pero también de otros al alcance de la mano que, al ir consiguiéndolos paulatinamente, mantengan intacta la motivación y la ilusión por aprender.

> **Consejo:** los objetivos intermedios también deben considerarse en el ámbito profesional: aunque se tengan grandes aspiraciones a largo plazo, hay que saber apreciar lo que se va consiguiendo mientras se va buscando ese gran objetivo... que quizá nunca se alcance.

Es natural querer prosperar artística y profesionalmente, pero sin dejar de valorar los logros del día a día. Es un importante trabajo personal aprender a apreciar objetivamente la propia labor, valorándola en su justa medida y sin compararla con lo que podría haber sido o con la de los demás. No son pocos los profesionales que se sienten plenamente realizados con su trabajo, aunque no sea exactamente el que pretendían en su juventud y les haya supuesto el esfuerzo de reorientarse en la vida. Para estas personas, los objetivos profesionales intermedios bien entendidos se han convertido en su objetivo profesional a largo plazo, y encuentran la motivación sabiendo disfrutar de sus aptitudes en un ámbito distinto al que habían imaginado. Es un trabajo de adaptación que permite apreciar mejor la vida alejándose de la frustración.

> No es la especie más fuerte la que sobrevive, ni la más inteligente, sino la más receptiva al cambio.
>
> *Charles Darwin* (1889-1882)

Elección de contenidos

Los contenidos son toda la serie de técnicas, actividades y estrategias y tipos de estudio que se pueden utilizar para conseguir los objetivos fijados.

Si se piensa en los objetivos a corto plazo como los ladrillos con los que se construye el edifico del objetivo intermedio y en que, a su vez, con éste y otros se va construyendo la ciudad a largo plazo, los contenidos serían los materiales con los que se fabrican esos ladrillos, y la planificación los planos en donde se describe la forma como se colocarán para construir las paredes y el diseño de las calles.

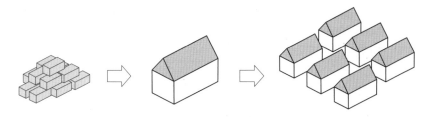

Cuando se eligen los contenidos que se van a utilizar de entre todo el repertorio del instrumento se debe tener siempre presente la función que van a desempeñar y el beneficio que se busca con ellos. No basta con seguir una programación estándar ya publicada, es necesario adaptar el trabajo a las necesidades de cada estudiante en cada momento. De nada sirve trabajar el ejercicio 28 únicamente porque va después del 27 si no se comprende porqué el autor lo escribió así. Será trabajo desaprovechado si no se hace hincapié en el tema específico de ese ejercicio. Lo mismo ocurre con los libros de estudios: a menudo será más conveniente saltar a otro estudio diferente, o combinar varios libros para adaptarse mejor a los objetivos que se quieren conseguir. Esta adaptación será diferente para cada estudiante, o incluso para una misma persona en distintas etapas del aprendizaje.

En el caso de los instrumentos de viento madera, los tipos de contenidos que debe incluir una buena planificación son:

▶ **Ejercicios de técnica corporal y respiración.** Ayudan a adoptar una postura eficiente con el instrumento y a ser conscientes de todos los gestos involucrados en el movimiento respiratorio. Mejoran la capacidad de controlar la respiración tanto para tocar el instrumento como para facilitar la relajación en general.

▶ **Ejercicios de sonido.** Su objetivo es mejorar el control del sonido y elaborarlo para darle las características deseadas. Combinan la técnica de respiración con las de emisión, embocadura y articulación.

▶ **Ejercicios de mecanismo y digitación.** Mejoran la habilidad de los dedos y ayudan a conseguir más precisión y ligereza en la pulsación. Utilizan la estabilidad de la columna de aire conseguida con los ejercicios de sonido para asegurar la emisión regular de las notas en pasajes de velocidad. Este trabajo se puede hacer con ejercicios sobre las escalas o aplicarse en los libros de estudios.

▶ **Trabajo del fraseo.** El fraseo puede trabajar específicamente con estudios melódicos en los que se exploran las posibilidades sonoras del instrumento.

▶ **Repertorio.** Es la realización final de los cuatro puntos anteriores. En el repertorio se aplican todas las habilidades instrumentales para dar forma a una expresión artística según el estilo de la obra y la propia idea musical.

Secuenciación

Organización del trabajo

Contemplar de una sola vez todo el trabajo que se debe hacer para tocar un instrumento, independientemente del nivel que se quiera alcanzar y de las propias habilidades, puede resultar desalentador. Es fácil desmoralizarse si, estando en la línea de salida, sólo se es capaz de ver una meta muy lejana al otro lado de un camino lleno de dificultades. Pero no se debe olvidar que cualquier tarea es asumible si se sabe dividir en partes lo suficientemente pequeñas.

Una vez establecidos los objetivos y elegidos los contenidos que ayudarán a conseguirlos es necesario ordenarlos, decidir de qué forma se van a organizar para que no interfieran entre sí y, bien al contrario, se refuercen mutuamente. Siguiendo con el símil del apartado anterior, no suele ser buena idea empezar la casa por el tejado, ni pretender construir una catedral cuando apenas se consigue levantar una pared medianamente recta.

El principal factor a la hora de establecer la secuenciación será el nivel de dificultad de los contenidos elegidos, pero también se debe prestar atención a las incidencias que puedan aparecer en el camino. La mejor planificación es una combinación equilibrada de los cinco tipos de contenidos explicados en el punto anterior, pero a menudo es preferible centrarse en alguno de ellos para solventar algún inconveniente que se haya podido presentar y que condiciona a todos los demás. Por ejemplo, si se detecta un problema de estabilidad en el sonido sería contraproducente seguir con el trabajo de mecanismo, porque el sonido más inseguro haría que la digitación fuera más difícil y la sucesión de las notas más confusa. Es mejor resolver el problema hasta una nivel aceptable antes de continuar con el resto de la planificación.

> Quien sabe qué hacer, también sabe cuando.
>
> *Arquímedes* (287-212a.c.)

Aunque para realizar un estudio equilibrado se debe atender siempre a todos los tipos de trabajo descritos, se puede cambiar la proporción de cada uno de ellos en cada etapa del aprendizaje o en los diferentes momentos del curso. Por ejemplo, a principio de curso suele ser preferible insistir en el trabajo técnico de base, mientras que a medida que el curso va avanzando se puede hacer más hincapié en el repertorio. Esto no significa olvidar los otros aspectos, sino focalizar la atención en lo que en cada momento se considera más necesario. Esta variabilidad en los contenidos hace que el estudio sea más variado y el trabajo más ameno y estimulante.

➤ **Consejo:** elige una obra importante que te sirva como objetivo a medio plazo, que puedas trabajar en uno o dos meses, pero a la vez estudia otras que puedas montar en un par de semanas. De esta forma sentirás que tu trabajo es productivo y cómo vas progresando, mientras te sigues preparando de forma indirecta para preparar la obra principal.

El tiempo disponible es importante a la hora de establecer una planificación, pero una buena organización lo es aún más. Se obtienen mejores resultados en menos tiempo si se aprovecha todo el momento del estudio con ejercicios bien escogidos, con una finalidad clara y bien ordenados.

> Para conseguir grandes cosas, dos cosas son necesarias; un plan y no demasiado tiempo.
>
> *Leonard Bernstein* (1928-1990)

Descanso

En toda buena planificación se deben incluir períodos más o menos prolongados de descanso o de actividad moderada. Tocar un instrumento tiene una gran exigencia física y psicológica, y no es posible rendir en todo momento al cien por cien. Al igual que un deportista concentra su preparación para estar al máximo nivel en los momentos importantes de la temporada, un instrumentista debe tener en cuenta los períodos a lo largo del año en los que tendrá mayor exigencia, para conseguir que el trabajo realizado brinde en ellos sus mejores frutos.

El estudio de un instrumento tiene una parte importante de acumulación de trabajo para fortalecer la musculatura y automatizar y afianzar las habilidades mecánicas, pero también necesita de períodos de menor actividad en los que asimilar las destrezas y conocimientos adquiridos. Si no se respetan estos períodos de descanso físico y mental es fácil llegar a un sentimiento de saturación y de que el trabajo resulta cada vez más rutinario.

A lo largo del curso se pueden establecer momentos de mayor intensidad de estudio, coincidentes con los de mayor exigencia profesional o académica, y otros de trabajo más relajado e, incluso a final de curso, un momento de descanso total. La duración y el nivel de baja actividad estarán determinados por el momento del año en que se encuentre, y también por la habilidad que se tenga con el instrumento: se recuperará mucho más rápidamente después del descanso una persona con muchos años de trayectoria profesional y con una técnica bien asentada que alguien que aún no tiene automatizados todos los gestos. En ambos casos, disponer de una adecuada rutina de recuperación permite volver al nivel inicial en muy pocos días. Esta rutina estará siempre basada en los cinco puntos antes mencionados. Cada instrumentista, con su experiencia personal previa, podrá escoger los ejercicios de cada tipo que le resulten más convenientes.

El ciclo del trabajo a lo largo de todo el período de estudio se puede ver en el siguiente gráfico: una vez establecida la planificación, se desarrollan varios ciclos de actividad creciente seguidos de otros de descanso relativo, hasta llegar al momento de mayor rendimiento, tras el que se puede establecer un período de descanso, regeneración y reflexión que facilite la siguiente planificación a partir de unas condiciones físicas y mentales más relajadas y objetivas.

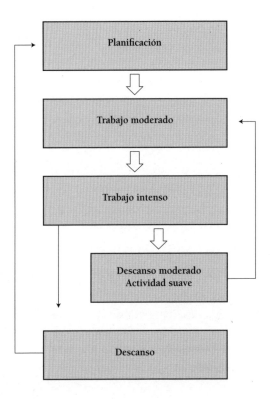

Realización del trabajo

La correcta elección de objetivos, la planificación y la ordenación de los contenidos ayudan a sacar el mayor partido al trabajo, pero no sustituyen al trabajo en sí. Algunos ejercicios se explican y comprenden en unos minutos, pero hacen falta horas de estudio para dominarlos y hacerlos de forma automática: no es lo mismo saber cómo se corren diez kilómetros que correrlos realmente.

> Que la inspiración llegue no depende de mí. Lo único que yo puedo hacer es ocuparme de que me encuentre trabajando.
>
> *Pablo Ruiz Picasso* (1882-1973)

Para llevar a cabo la realización de todo lo planeado es necesaria regularidad y perseverancia en el estudio. Gran parte del trabajo técnico está basado en repeticiones de gestos musculares que requieren de constancia hasta ser interiorizados y automatizados. Para conseguir resultados es mucho más efectivo un trabajo regular bien organizado de poco tiempo cada día que extenuantes sesiones de estudio seguidas de días de inactividad. Estas últimas pueden tener un efecto contrario al deseado: proporcionan la engañosa sensación de un avance rápido pero, al no estar éste sustentado por la regularidad, es muy fácil perder lo conseguido y volver al punto de partida.

> El genio se compone del dos por ciento de talento y del noventa y ocho por ciento de perseverante aplicación.
>
> *Ludvig van Beethoven* (1770-1827)

La constancia necesaria para el trabajo regular precisa de autodisciplina. Ésta no es una obligación externa, impuesta por otras personas, sino la que cada cual se impone para llevar a cabo un determinado trabajo porque ha comprendido su finalidad y confía en que le será provechoso. Por eso es de vital importancia conocer todos los aspectos involucrados en la planificación del estudio y someterlos a revisión constante.

Hay artistas que prefieren pasar por genios a pasar por estudiosos. Yo no he estudiado nunca, dicen, yo no sé cómo pinto, yo no sé cómo escribo. No lo creáis, son coquetería de artista. El genio es el premio de una gran paciencia y un gran trabajo.

Jacinto Benavente (1866-1954)

En el estudio se debe respetar tanto el trabajo como los períodos de descanso programados. No hay que sentirse culpable por no haber podido estudiar un día determinado o por permitirse unos días de reflexión cuando se siente que llega un sentimiento de saturación. No hay inconveniente para tomarse un necesario respiro si el resto del trabajo se ha llevado a cabo con regularidad

> ➤ **Consejo:** estudia en cada sesión todo lo que hayas planificado, pero no pretendas quemar etapas demasiado deprisa. Necesitas tiempo para asimilar lo aprendido y tocar con naturalidad. Si has conseguido todo lo que te habías propuesto, disfruta de ello y deja que se asiente, no pretendas hacer hoy el trabajo de mañana.

Valoración de los resultados

La valoración regular de los resultados que se van obteniendo, tanto en los objetivos a corto plazo como en los demás, ayuda a adecuar la planificación a cada momento y circunstancia. Es una herramienta imprescindible para comprobar que el trabajo realizado está surtiendo los efectos deseados o para proponer los ajustes necesarios. Cada valoración influye en la planificación para mantenerla sin cambios o para adaptarla a las nuevas necesidades.

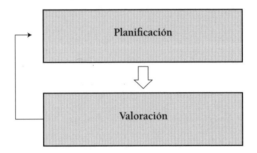

Se debe procurar que la valoración que se haga sea lo más realista posible, dentro de la subjetividad intrínseca a la música. Al contrario que en otras disciplinas, no se dispone de elementos mesurables que aporten una visión objetiva del progreso realizado. Además, el estado anímico puede influir mucho en la valoración que se haga del propio trabajo: en períodos de estrés o cansancio es más fácil hacer un análisis pesimista, y en otros momentos puede ocurrir que un optimismo excesivo enmascare la realidad.

Se pueden utilizar varios procedimientos para conseguir una valoración más objetiva.

▷ Analizar en cada ejercicio principalmente el tema concreto al que está dedicado. Aunque todos estén relacionados, siempre habrá un aspecto específico al que prestar más atención y que dará la medida de si se ha conseguido o no el objetivo propuesto.

▌ Considerar la adecuación del estudio a las circunstancias. No todos los ejercicios son igual de útiles para todos los estudiantes, ni una misma persona tiene las mismas necesidades durante todas las etapas del curso.

▌ Evitar las generalidades y buscar la mayor concreción posible. Por ejemplo, cambiar «siempre desafino» por «las notas agudas me suelen quedar altas» ayuda a centrar el estudio en lo realmente necesario.

▌ Tener en cuenta sobre todo las opiniones que realmente se pueden considerar fundadas. Buscar las de personas con criterio que puedan expresar una opinión sincera y alejada de prejuicios.

▌ Utilizar grabaciones como forma de seguimiento del trabajo. A menudo las sensaciones que se tienen mientras se toca interfieren con la valoración objetiva que se pretende. En la grabación aparecen detalles, positivos y negativos, que de otra manera pueden pasar desapercibidos.

➤ **Consejo:** somos humanos, y cometemos errores. Todos nosotros. Cuando hagas una valoración de tu trabajo y de los resultados que te está ofreciendo aprende a distinguir la falta de estudio, de nivel o de capacidad de los errores puntuales que a cualquiera le pueden ocurrir en un concierto.

SEGUNDA PARTE

EL ESTUDIO DE LA TÉCNICA

3

LA COLUMNA DE AIRE

En la base de la técnica de todos los instrumentos de viento está el uso adecuado de la columna de aire. De ésta depende la correcta emisión del sonido en mucha mayor medida que de la posición de los labios, los dedos o la embocadura.

Sin un apoyo constante y un envío regular de aire es imposible conseguir de forma relajada el control del sonido que un instrumento exige: las notas agudas se vuelven difíciles y obligan a sujetar demasiado con la embocadura, el sonido pierde densidad, se hace necesario más esfuerzo para mantener la afinación y la digitación se vuelve más imprecisa al no haber una masa consistente de sonido que asegure las notas.

Es primordial disponer de una técnica respiratoria correcta, sobre la que se irán construyendo otros aspectos como el control de la emisión y del mecanismo, la realización del fraseo y, como resultado final de todos los anteriores, una interpretación personal que muestre la propia creatividad artística. Si se carece de una buena base se puede caer en el error de ir acumulando una corrección sobre otra, haciendo que la forma de tocar se vuelva artificial y dificultosa. Con estas limitaciones, la capacidad expresiva quedaría evidentemente disminuida.

Cuanto mejor se conozca el mecanismo anatómico de formación y control de la columna de aire y más se profundice en el dominio de cada una de sus diferentes secciones, mejor se dominarán los recursos que una buena respiración facilita a la hora de tocar. Para alcanzar ese control es imprescindible la realización de ejercicios específicos directamente relacionados con la práctica del instrumento, y también de otros que no lo están, al menos en apariencia, para aprovechar todas las posibilidades que la respiración ofrece.

La respiración, y toda la técnica de control de la columna de aire que lleva asociada, además de proporcionar oxígeno al organismo y hacer que el instrumento suene, proporciona todas las herramientas necesarias para modular la amplitud, color y proyección del sonido, facilita el control de la afinación y también permite relajar la postura de todo el cuerpo. Este último es un punto fundamental: es mucho más fácil conseguir una postura correcta del tronco empezando por el apoyo seguro y firme, pero a la vez relajado, que proporciona una respiración bien realizada. De esta forma se eliminan tensiones en los brazos y el cuello. Por otra parte, la respiración tiene un papel primordial en la relajación física y mental del instrumentista, ya sea de viento o de cualquier otra especialidad, y está en la base de muchas técnicas y ejercicios de relajación.

La columna de aire tiene varias partes diferenciadas, cada una de ellas con su propia función específica, aunque ésta pueda verse influida en mayor o menor medida por las demás:

- La **respiración diafragmática** es la base que proporciona de forma relajada todo el caudal de aire necesario para tocar cualquier instrumento de viento, desde el oboe, que es el que menos cantidad de aire consume, hasta la flauta, que es el que más.

- En la **garganta** es donde se controlan muchas de las características del sonido, como la amplitud y la proyección. En combinación con el movimiento de la lengua se facilita la emisión de las notas de los diferentes registros.

- La **embocadura** es la responsable de comunicar el flujo de aire enviado por los pulmones y elaborado en la garganta hasta el instrumento. También permite controlar la afinación o modificar las características de color del sonido. En el entorno de la embocadura es donde se producen las vibraciones que luego son amplificadas por el instrumento.

- La columna de aire termina en el propio **instrumento**, desde donde las ondas se propagan por el resto del aire de la sala.

Principios generales acerca de la respiración

En la respiración intervienen varios grupos musculares y órganos:

- Los pulmones.
- El diafragma.
- Los músculos abdominales.
- La laringe y la glotis.
- La garganta.

Los pulmones

Los pulmones están formados por un tejido muy elástico que envuelve los alvéolos pulmonares, que son las pequeñas bolsas donde se intercambian el oxígeno y el gas carbónico al respirar. Esta elasticidad es clave en el mecanismo de la respiración: cuando se ensanchan los pulmones se crea una presión negativa que hace que el aire entre, como si se estirase de un globo; una vez llenos, el tejido pulmonar, debido a su elasticidad, tiende a volver a su forma inicial, expulsando de nuevo el aire al exterior. El control de este retorno de los pulmones a su posición inicial es fundamental para lograr un flujo de aire constante y estable.

El diafragma

Al estudiar la respiración siempre se menciona el diafragma, aunque no siempre se sea consciente de su forma, los movimientos que puede realizar y su funcionamiento real:

- El diafragma tiene forma de cúpula o de paracaídas, y separa la parte baja de los pulmones de las vísceras, a las que envuelve por los costados del abdomen y por detrás.

- Su parte central, la parte alta de la cúpula, es muy elástica pero carece de fibras musculares, por lo que no puede contraerse por sí misma, sino que se acciona cuando se contraen las fibras musculares a su alrededor. Estas fibras, que también forman parte del diafragma y le dan su aspecto de paracaídas, se dirigen hacia abajo por todo el contorno abdominal.

▶ Al estar el diafragma conectado con los pulmones, cualquier movimiento de éste se transmitirá a aquellos y facilitará el control de la respiración.

Los músculos abdominales

El movimiento del diafragma se ve facilitado por los músculos abdominales, principalmente el transverso, que es el que permite controlar el retorno del diafragma, y con él de los pulmones, a su posición inicial después de haber sido tensado en la inspiración. Sin este control, el aire saldría de una vez, como ocurre al suspirar.

❑ **Experimento:** suspira. Toma aire y déjalo que salga. Nota cómo los músculos del tronco hacen que te llenes y el aire sale por sí solo al relajarlos. Este mismo movimiento, pero controlado, será el que utilices con tu instrumento.

La laringe

En la laringe están situadas las cuerdas vocales que producen el sonido de la voz cuando entran en vibración. El espacio entre las dos cuerdas es la glotis. La laringe puede utilizarse para dejar pasar más o menos cantidad de aire. Además, puede bloquearse la salida del aire al juntar las cuerdas vocales y cerrar la glotis.

❑ **Experimento:** tose una vez. Notarás cómo el aire se comprime justo antes de salir. Es porque la glotis está cerrada. Al abrirla, el aire se libera.

La garganta

En la garganta, o faringe, se puede controlar el flujo del aire abriéndola en mayor o menor medida, o realizando dentro de ella movimientos con la parte posterior de la lengua que permiten variar la presión y con ello la velocidad de salida del aire: si se pega al paladar, como al pronunciar una «K», se corta el paso completamente, pero si solamente sube sin llegar a cerrar el espacio, el aire se comprime y sale a más velocidad. Esto será útil para controlar la emisión en diferentes registros.

❐ **Experimento:**

• Canta una «O» muy larga, sin cambiar ni la altura ni la intensidad del sonido.

• Canta una «I».

• Ahora canta «O – I – O – I – O – I – O».

• Repite el ejercicio anterior, pero esta vez delante de un espejo y sin mover los labios. Observarás cómo la parte trasera y lateral de la lengua suben. Es el mismo gesto que utilizaremos para asegurar las notas agudas.

Los movimientos de la respiración

La respiración más útil para tocar un instrumento de viento es la diafragmática, por ser la más eficaz para movilizar y controlar un gran volumen de aire con un esfuerzo muscular mínimo. Es la respiración que se utiliza habitualmente en situación de reposo, aunque puede ser también utilizada para realizar cualquier actividad, incluso deportiva de resistencia. Se produce al dirigir la inspiración hacia la base de los pulmones liberando de esta manera la parte superior de la caja torácica, en lugar de movilizar los músculos que rodean las costillas o las clavículas. Estos últimos se utilizarían en una respiración intercostal o en una clavicular.

La respiración consta de dos movimientos, la inspiración y la espiración, en los que el aire entra y sale respectivamente, separados por breves momentos de apnea, en los que no hay movimiento del aire. La inspiración se produce cuando se crea una presión negativa dentro de los pulmones con respecto al aire del exterior que hace que éste entre, y la espiración tiene lugar cuando el aire contenido en los pulmones tiene más presión que el de afuera y se abren las vías respiratorias para liberarlo.

La inspiración

La finalidad de la inspiración al tocar es preparar el aire de tal manera que tienda a salir por sí mismo, sin apenas esfuerzo por parte del instrumentista. Si se concentra con la presión necesaria ya no es necesario soplar, basta con dejar que el aire salga libremente.

La inspiración se produce al expandirse hacia abajo y hacia los costados los músculos abdominales. Éstos mueven el diafragma hacia abajo, que a su vez arrastra a los pulmones, donde se crea un vacío relativo que hace que se llenen de aire. Una vez han llegado a su posición máxima de inspiración normal, estos músculos se vuelven a relajar expulsando el aire en la espiración. Con una nueva expansión de los músculos se reanuda el ciclo de inipiración-espiración.

Al bajar, los pulmones empujan las vísceras del abdomen que, al no estar rodeadas por las costillas, hacen que éste se hinche, lo que puede crear la falsa sensación de que es ahí donde se encuentra el aire. Pero no hay que olvidar que éste llena únicamente los pulmones. Para evitar malentendidos no es conveniente emplear con los principiantes expresiones incorrectas como «respirar con la tripa», o «llenar el estómago».

> ➤ **Consejo:** vacíate completamente antes de hacer una inspiración. De esta forma facilitarás que el aire llegue directamente a la base de los pulmones.

El movimiento descendente que provoca la inspiración nunca deberá ser exagerado. Su única función es asegurar una cantidad de aire suficiente para respirar o para tocar el instrumento. De nada sirve un gesto forzado hacia la pelvis que sólo aumentaría la tensión y restaría naturalidad a la respiración sin aportar más cantidad de aire ni mejor apoyo.

> ➤ **Consejo:** cuando toques tu instrumento respira por la boca siempre que sea posible. El aire entrará más rápidamente, relajarás la embocadura y además podrás medir tu respiración según el *tempo* de la música.

La espiración

El principal mecanismo que interviene en la espiración es la propia flexibilidad de los pulmones. Esta fuerza elástica es más importante que la fuerza muscular: al igual que un globo lleno de aire se vacía cuando recupera su forma original al dejar libre su boca, los pulmones llenos de aire lo expulsan cuando vuelven a su posición inicial. La fuerza de la gravedad también facilita el gesto de la espiración al hacer que el propio peso del tronco sobre el aire contenido en los pulmones lo presione hacia abajo y facilite su salida. Esta espiración natural puede modificarse y controlarse con los músculos abdominales, principalmente el transverso, que actúa siempre en combinación con el diafragma.

Para variar el flujo de salida del aire se puede actuar de dos maneras:

▶ Variando la abertura de las vías de paso del aire: glotis, faringe, lengua y labios, para cambiar su velocidad o cortar su salida.

▶ Controlando la cantidad de aire que sale interviniendo sobre la elasticidad natural de los pulmones aumentando o disminuyendo la sujeción que los músculos abdominales ejercen sobre el diafragma. Este movimiento es especialmente importante, porque es el que permite dosificar el flujo principal de aire, que luego podrá elaborarse de forma mecánica en las vías superiores de la forma descrita en el punto anterior.

❐ **Experimento:**

• Echa aire por la boca y córtale el paso en la garganta, como al toser.

• Déjalo salir poco a poco, para sentir el movimiento de la glotis y cómo puedes actuar sobre ella.

❐ **Experimento:**

• Vuelve a echar aire, pero en este caso ciérrale el paso con la parte trasera de la lengua, como al pronunciar una «K».

• Abre y cierra poco a poco con la lengua para sentir cómo puedes controlar su movimiento. Puedes pensar en una «G» o una «J».

• Repite este experimento pero ahora moviendo la punta de la lengua, como en una «T» o una «D».

❐ **Experimento:**

• Haz una buena inspiración y empieza a dejar que salga el aire.

• Manteniendo la glotis, la garganta y los labios abiertos, detén el flujo de aire parando el movimiento de los abdominales. Mantenlo en suspenso el tiempo necesario para sentir cómo con los músculos del abdomen puedes controlarlo. Debes encontrar un momento de apnea en el que el aire ni entra ni sale de los pulmones, aunque todas las vías respiratorias estén abiertas. Trata de encontrar el punto justo de equilibrio entre el diafragma y los pulmones por un lado, que quieren volver a su posición inicial, y los abdominales por otro, que tiran de ellos hacia abajo y mantienen el aire dentro de los pulmones.

El papel del diafragma durante la espiración puede parecer paradójico: aunque a veces se tenga la sensación de que es el diafragma el que empuja el aire, éste sale, como ya hemos visto, al volver los pulmones a su forma inicial gracias a la elasticidad de sus fibras. El diafragma y los músculos abdominales actúan precisamente como freno de ese movimiento y permiten controlar el flujo del aire. Si se relajaran de repente el aire saldría de golpe, como al suspirar. En cambio, al mantener cierta tensión permiten mantener el control sobre su salida.

□ **Experimento:** haz una inspiración muy grande, sintiendo bien el apoyo sobre el diafragma, y deja salir el aire poco a poco. Observa que si no haces un pequeño esfuerzo hacia abajo para mantener el diafragma en su sitio, éste tiende a recuperar su forma rápidamente y a expulsar todo el aire de golpe. Este tono muscular te servirá con tu instrumento para controlar el caudal de aire, aumentando o disminuyendo a voluntad la sensación de apoyo.

En la espiración se pueden distinguir dos fases, aunque la segunda no sea en la práctica aplicable a todos los instrumentos:

▶ **Fase 1.** El aire contenido en los pulmones está a más presión que el del exterior y tiende a salir por sí solo, el propio peso del tronco y la elasticidad de los pulmones provocan esa salida. Es la espiración natural de la respiración habitual. Es involuntaria y no requiere esfuerzo muscular, aunque para tocar el instrumento se puede controlar con los abdominales ejerciendo mayor o menor apoyo hacia abajo y afuera.

▶ **Fase 2.** El aire del interior está a la misma presión que el del exterior, al haber recuperado ya los pulmones su forma inicial. Se hace necesario un apoyo suplementario hacia abajo y hacia adentro para expulsar el aire que aún queda en los pulmones.

La mayoría de los instrumentos utilizan principalmente la Fase 1, aunque la flauta, que es la que consume más cantidad de aire, y el resto de los instrumentos en determinados registros, pueden utilizar también la Fase 2 al final de una larga frase. En cambio el oboe, a través del cual es imposible vaciar todo el volumen de aire contenido en los pulmones, utiliza exclusivamente la Fase 1, y el oboísta se ve obligado a expulsar el aire sobrante relajando por un instante completamente los abdominales antes de cada nueva inspiración.

EJERCICIO 1. Cómo sentir la respiración abdominal

La respiración abdominal o diafragmática es la más natural, y la que se utiliza de forma inconsciente en situaciones de reposo. Podemos sentirla perfectamente en los momentos de relajación previos al sueño. Es también el tipo de respiración que necesitaremos para tocar, y debemos saber cómo encontrarla si situaciones de nervios o de cansancio nos la han hecho perder. Con este ejercicio aprenderemos a reconocer su posición dentro del cuerpo.

La mejor manera de sentir la respiración abdominal es teniendo un punto de referencia hacia el que dirigir la inspiración, en este ejercicio utilizaremos un peso:

▶ Tumbados en una posición relajada ponemos un pequeño peso sobre el abdomen y hacemos una profunda inspiración por la boca o la nariz, haciendo que el peso se levante.

▶ Dejamos que el aire vuelva a salir poco a poco, vigilando que el peso vuelva a bajar lentamente.

Tenemos que tener cuidado de que sea el gesto respiratorio el que haga subir el peso, y no únicamente un movimiento de los músculos. Se puede hacer trampa en el ejercicio subiendo el peso manteniendo la boca o la glotis cerradas y moviendo los abdominales hacia afuera, pero esta no es, obviamente, la finalidad de éste.

No conviene poner un peso excesivo, que cargaría demasiado trabajo sobre los músculos y falsearía el gesto. Éste no es un ejercicio para fortalecer la musculatura, lo utilizaremos únicamente para tomar conciencia de la colocación de la respiración dentro del tronco, y para ello sólo es necesario un pequeño peso que nos sirva de referencia.

❐ **Experimento:** vuelve a inspirar y espirar relajadamente, pero esta vez sin que se mueva el peso. Estarás haciendo una respiración intercostal y/o clavicular. Es importante que reconozcas este otro movimiento respiratorio, porque será mejor que lo evites con tu instrumento, salvo en circunstancias especiales.

EJERCICIO 2. Cómo encontrar la respiración abdominal

El objetivo de este ejercicio es sentir cómo el aire entra directamente en la parte baja y trasera de los pulmones. Al cerrar la caja torácica con las manos, los codos y la postura inclinada, el aire sólo tendrá el camino libre para llegar a la zona de los pulmones que nos interesa, lo que facilita el movimiento y su percepción.

▶ Sentados en la parte delantera de una silla con las piernas separadas juntamos las manos y los codos.

▶ A continuación bajamos el tronco hasta que la cabeza quede entre las piernas e inspiramos lenta y profundamente hasta sentir cómo el aire va fácilmente hacia la zona de la cintura.

▶ Espiramos lentamente intentando mantener el mayor tiempo posible la sensación de apoyo del aire.

EJERCICIO 3. Cómo controlar la respiración abdominal

En este ejercicio y en el siguiente iremos liberando progresivamente el tórax, por lo que será necesario prestar cada vez más atención para mantener en todo momento la misma sensación de apoyo y control del aire.

▶ Ponemos las manos alrededor del abdomen, con las puntas de los dedos a la altura del ombligo.

▶ Bajamos el tronco e inspiramos profundamente. Debemos sentir cómo el aire separa la punta de los dedos al entrar, pero sin mover los hombros.

▶ Dejamos que el aire salga poco a poco sin perder el apoyo, como en el ejercicio 2.

EJERCICIO 4. Respiración abdominal en posición sentada

▶ Colocamos las manos como en la posición inicial del ejercicio 3 e inclinamos el tronco hacia adelante hasta una posición de entre 45 y 60° con respecto a las piernas.

▶ Inspiramos profundamente y dejamos que el aire salga poco a poco, como en los ejercicios anteriores.

▶ Repetimos el ejercicio con la espalda recta.

En este ejercicio, al estar el tronco más libre que en los anteriores, es habitual que los hombros suban si no prestamos la debida atención. Es recomendable realizarlo delante de un espejo.

➤ **Consejo:** repite los ejercicios 2, 3 y 4 de pie y delante de un espejo.

Al no tener las piernas presionándote ligeramente el abdomen, como cuando los hacías en la silla, te costará un poco más encontrar las mismas sensaciones, pero te estarás entrenando para cuando tengas que tocar de pie.

EJERCICIO 5. Inspiración profunda

Al inspirar es importante que mantengamos la garganta bien abierta para facilitar que el aire entre rápidamente en los pulmones sin encontrar obstáculos que salvar. Para eso ayuda mucho pensar en la vocal «O». No es necesario que la formen los labios, incluso puede ser desaconsejable si induce a realizar un gesto forzado. Lo importante es que esté bien colocada en la garganta y la glotis se mantenga abierta. Cuando tocamos no siempre nos es posible abrir completamente la boca, e incluso los saxofonistas y clarinetistas suelen respirar en ocasiones por las comisuras de los labios, sin soltar la caña, pero en todos los casos la garganta debe permanecer bien abierta.

▶ Enrollamos una hoja de papel formando un tubo.

▶ Introducimos el tubo hasta el fondo de la boca, por encima de la lengua.

▶ Inspiramos. Observaremos cómo el aire entra hasta el fondo de los pulmones directamente y sin esfuerzo. En la garganta notaremos que es aire frío, porque entra con velocidad.

▶ Repetimos el ejercicio presionando ligeramente con los dientes sobre la hoja de papel. Comprobaremos que la garganta sigue igual de abierta aunque la embocadura esté más cerrada.

EJERCICIO 6. Espiración controlada

En este ejercicio trabajaremos cómo mantener la espiración controlada durante un tiempo determinado. En todo momento deberemos procurar mantener el apoyo de la respiración en el abdomen, hacia abajo y hacia afuera, para poder controlar el flujo de aire sobre una base estable.

Al final del ejercicio, cuando ya quede poco aire en los pulmones, puede ser necesario un ligero apoyo hacia adentro, pero en ningún caso hacia arriba, porque haría perder la base que da estabilidad a la columna de aire. Aunque parezca similar, no hay que confundir este gesto con el que se hace al defecar u orinar, porque este último se hace en apnea y es más forzado.

◗ En posición de pie o sentados realizaremos una buena inspiración por la boca.

◗ Dejaremos que el aire salga poco a poco entre los dientes, como al pronunciar «Tsssssssssssssssss». La resistencia que ofrecen los dientes al paso del aire es similar a la que encontraremos al tocar el instrumento.

❒ **Experimento:** para llenar los pulmones y tocar un instrumento no hace falta demasiado tiempo. Compruébalo haciendo el ejercicio 6 con el metrónomo:

• Ponlo a negra=60, inspira en un pulso y deja salir el aire como se ha explicado. Cuenta cuántos pulsos eres capaz de aguantar manteniendo las buenas sensaciones de control de la respiración.

• Ahora ponlo a negra=120, respira en un pulso y averigua si eres capaz de mantener el aire el mismo tiempo. Ten en cuenta que un pulso de los de antes vale como dos de los de ahora.

EJERCICIO 7. Espiración variando el volumen de aire

Al tocar no siempre necesitamos el mismo caudal de aire. Cuando tocamos fuerte necesitamos más cantidad que al tocar piano, y generalmente las notas agudas necesitan un poco menos de cantidad de aire que las graves.

El volumen de aire expulsado varía según ejerzamos sobre el mismo más o menos apoyo con los abdominales: al aumentar el apoyo se reduce el espacio y los pulmones se comprimen haciendo que salga más cantidad de aire, y al relajar el apoyo el flujo de aire es menor. En este último caso debemos prestar atención a no rebasar el límite mínimo de apoyo necesario para sustentar todo el envío de aire.

◗ Sentados, después de una buena inspiración dejamos salir el aire como en el ejercicio nº 6.

▶ Vamos echando poco a poco más cantidad de aire, sintiendo cómo es el mayor apoyo sobre el contorno de la cintura el que lo expulsa.

▶ A continuación relajamos el apoyo haciendo que salga menos aire, hasta llegar al mínimo donde aún podemos mantenerlo sin que se corte.

▶ Volvemos a incrementar el apoyo y con él la salida de aire.

▶ Repetimos el ejercicio varias veces hasta reconocer el mecanismo que nos permite controlar la cantidad de aire que sale, sin intervención de la garganta ni de la embocadura.

> **Consejo:** es más fácil reconocer el movimiento de los abdominales y el diafragma si te sientas para hacer este ejercicio, porque las piernas los comprimen ligeramente.

Ten siempre mucho cuidado de no levantar los hombros.

❒ **Experimento:** para comprender el mecanismo de control de la columna de aire podemos utilizar una bomba de pie de las que se usan para hinchar las ruedas de la bicicleta. Su funcionamiento no es exactamente igual, pero servirá para formarnos una imagen mental. No te conformes con leer cómo se hace este experimento, busca una bomba y hazlo personalmente. Reconocerás muchas sensaciones que te serán útiles a la hora de tocar.

• Sube el émbolo con una mano mientras con la otra sujetas en alto la boquilla, éste será el punto de partida. El aire no sale porque nada ejerce una fuerza sobre él.

• Apoya tu mano sobre el émbolo y siente cómo su peso lo empuja hacia abajo y hace salir el aire, aunque la boquilla quede por encima. Es el equivalente al apoyo que el tronco ejerce sobre los abdominales.

• Ve aumentando y disminuyendo la presión que ejerces con la mano y comprueba que cuanta más hagas, más cantidad de aire sale, y a la inversa. Es igual a lo que has hecho en el ejercicio 6 variando el apoyo sobre los abdominales y el diafragma.

• Observa que si por un momento dejas de apoyar la mano, el flujo de aire se detiene, como cuando pierdes el apoyo de la columna de aire al tocar y el sonido se corta.

• Recuerda que aunque quieras tocar muy piano, gastando poca cantidad de aire, el apoyo deber ser siempre vertical hacia abajo. De lo contrario, el sonido perderá estabilidad.

Como se ha explicado más arriba, hay dos formas complementarias de controlar la salida del aire: variando el apoyo sobre el diafragma (el peso sobre el émbolo en este experimento) y modificando las vías de salida a la altura de la garganta y la embocadura. De la primera depende la cantidad de aire que sale y de la segunda la velocidad con que lo hace. En este experimento actuaremos sobre el agujero de la boquilla para observar su efecto sobre la salida del aire.

• Mantén un apoyo constante sobre el émbolo y ve cerrando poco a poco con el dedo el agujero de la boquilla. Observarás que el aire sale con más presión y velocidad. También podrás escuchar un sonido más agudo.

• Comprueba que la cantidad de aire depende del apoyo de tu mano sobre la bomba, y que la presión y velocidad con que sale está relacionada con las dimensiones del agujero de la boquilla, que puedes cambiar con el dedo de la otra mano. La función práctica y el control de estos dos mecanismos serán el tema del siguiente capítulo.

EJERCICIO 8. Espiración y embocadura

Con este ejercicio buscaremos independizar el proceso de inspiración-espiración de los movimientos que podemos hacer más arriba de la columna de aire, que después nos servirán para controlar el sonido de nuestro instrumento.

1)

▶ Tomamos una pajita de refresco.

▶ Inspiramos y echamos el aire como en el ejercicio n° 6, pero esta vez a través de la pajita, sin sujetarla con los dedos. Comprobamos que los músculos de la cara bastan para mantenerla en su sitio.

▶ Bajamos y subimos poco a poco la mandíbula sin separar los labios. Verificamos que el flujo de aire se puede mantener constante a pesar de estos movimientos.

2)

▶ Volvemos a inspirar y a echar el aire por la pajita.

▶ Esta vez dejaremos la mandíbula inmóvil, pero moveremos la lengua arriba y abajo, como para pronunciar alternativamente una «O» y una «I». Tendremos cuidado de mantener constante la cantidad de aire que sale, sin empujarlo en cada cambio de vocal. De esta manera podemos variar la velocidad con que sale el aire.

3)

▶ Repetimos el ejercicio moviendo la mandíbula hacia adelante y hacia atrás, para poder cambiar la dirección del aire.

❏ **Experimento:** prueba a hacer este ejercicio introduciendo el extremo de la pajita en un vaso con agua. Repite los movimientos descritos sin que se corte la salida de burbujas.

La respiración continua

La respiración continua, también llamada respiración circular, consiste en mantener el sonido del instrumento echando el aire que queda dentro de la boca mientras se inspira aire nuevo por la nariz. Es una técnica más fácil de utilizar en los instrumentos que necesitan un menor cantidad de aire para sonar, porque se puede mantener más tiempo el sonido con ese aire y con ello hacer una inspiración más larga.

Hay que tener en cuenta que en el momento de inspirar por la nariz se está expulsando el aire únicamente ejerciendo presión con la lengua y los músculos que rodean la boca y sin apoyo alguno en el diafragma, que en ese momento se está utilizando para una nueva inspiración. Esto tiene como consecuencia que el sonido pierde estabilidad, por lo que no es recomendable utilizar la respiración continua en notas o pasajes delicados. Por otro lado, no es aconsejable esperar hasta el último momento para respirar, es mejor hacerlo cuando aún se dispone de cierta cantidad de aire asegurando el soporte del sonido antes de hacer la respiración continua.

EJERCICIO 9. Cómo controlar la salida del aire de la boca

El primer paso para estudiar la respiración continua es distinguir el aire que viene de los pulmones del que está en la boca. Lo conseguiremos con tres ejercicios diferentes:

1)

▶ Vaciamos completamente los pulmones.

▶ Nos mantenemos en apnea, sin entrada ni salida de aire, durante un segundo.

▶ Expulsamos todo el aire que queda en la boca empujándolo con la lengua y los carrillos, como pronunciando «ffffffffffffffft». No es necesario hinchar los carrillos para hacer la respiración continua.

2) Una vez dominado el ejercicio anterior podemos hacer uno similar, pero teniendo algo de aire en los pulmones. Debemos tener cuidado para echar el aire de la boca de la misma forma, sin que se mezcle con el que viene de los pulmones:

▶ Teniendo un volumen medio de aire en los pulmones, lo retenemos sin dejar que entre ni salga.

▶ Echamos un hilo constante del aire de la boca con la lengua y los carrillos.

3) Si tenemos problemas para echar el aire de la boca, hay un tercer ejercicio que nos puede ayudar:

▶ Esta vez llenamos la boca con agua en lugar de aire.

▶ Echamos un chorrito regular de agua usando los carrillos y la parte posterior de la lengua. Observaremos que en este caso ni el diafragma ni los pulmones realizan ninguna acción.

EJERCICIO 10. La inspiración en la respiración continua

Cuando ya hemos independizado el aire de la boca del resto de la columna de aire no es difícil simultanear la espiración por la boca de la inspiración por la nariz:

▶ En primer lugar, inspiramos profundamente por la nariz, cuidando de que el aire vaya correctamente a la parte baja de los pulmones.

▶ A continuación echamos el aire por la boca como en el ejercicio 9, sin inspirar aún, para reconocer los dos movimientos de forma sucesiva.

▶ Por último, después de una inspiración media empezamos a echar el aire suavemente por la boca a la vez que inspiramos lentamente por la nariz.

➤ **Consejo:** si te resulta difícil inspirar y espirar a la vez, prueba a hacer este ejercicio con agua, como en el ejercicio 9, hasta que diferencies bien las vías de entrada y salida del aire.

EJERCICIO 11. La espiración en la respiración continua

La respiración continua se usa principalmente para coger aire, pero también es posible utilizarla para soltar el aire sobrante. De esta manera se puede expulsar el aire viciado y tomar aire nuevo haciendo una espiración-inspiración por la nariz mientras el instrumento sigue sonando con el aire de la boca.

▶ Repetimos el ejercicio 10 con una sucesión de inspiraciones y espiraciones.

EJERCICIO 12. Respiración continua y estabilidad del sonido

Tenemos que tener cuidado de que el sonido se mantenga estable mientras respiramos. Hay que tener en cuenta que durante la respiración continua se suspende el apoyo sobre el diafragma y la presión del aire dentro de la boca puede variar, con lo que pueden fluctuar tanto la altura como la intensidad del sonido. Debemos encontrar el punto exacto de tensión de los músculos faciales y de la lengua que equilibre estas diferencias y nos proporcione un sonido similar al de la emisión normal.

▶ Tomamos nuestro instrumento y tocamos de la forma habitual una nota que sea de las más seguras y estables en él. Generalmente será una del registro medio y digitación cerrada.

▶ Trabajamos sobre ella la respiración continua hasta que consigamos un sonido con una homogeneidad aceptables.

▶ Vamos buscando esa misma homogeneidad en el resto de notas del instrumento, hasta llagar a las más agudas.

▶ Por último, hacemos la respiración continua sobre varias notas ligadas, intentando que el sonido no varíe con el cambio de notas.

> ➤ **Consejo:** elige bien el momento de la frase en el que hacer la respiración continua, para que no se note. Probablemente no será buena idea una nota aguda en un *solo* en piano al final de una frase. Espera a que llegue un momento de *tutti*, o a que la frase se mueva por notas ligadas o, mejor aún, respira durante un trino. Si hay cualquier inestabilidad en el sonido, quedará disimulada.

EJERCICIO 13. Respiración continua y articulación

Este ejercicio es el más complicado de todos, pero si se consigue dominar permite utilizar la respiración continua en cualquier pasaje, independientemente de su articulación. Consiste en utilizar los carrillos y la parte trasera de la lengua para empujar el aire, como hasta ahora, pero además usar la punta de la lengua para picar las notas.

Mientras hacemos el ejercicio 10 o el 11, movemos regularmente la punta de la lengua sobre los labios para cortar el hilo de aire.

Repetimos el ejercicio con la caña o la boquilla, marcando un ritmo regular con la punta de la lengua mientras inspiramos o espiramos por la nariz, como si picáramos varias notas repetidas.

> ➤ **Consejo:** no abuses de la respiración continua. Aunque te tiente utilizarla en todo momento, no olvides que la música también necesita sus propias pausas. No confundas la respiración física que estamos estudiando en este capítulo con la respiración musical que existe entre las frases y que siempre debemos respetar.

EJERCICIO 14. Sonidos dobles

Utilizando la técnica de la respiración continua es posible producir un sonido con la voz al mismo tiempo que se toca con el instrumento, echando aire a la vez por la boca y por la nariz:

- Mientras tocamos con el aire de la boca echamos aire por la nariz como en el ejercicio 11.

- Aprovechamos el aire que sale por la nariz para poner en vibración las cuerdas vocales y cantar una nota que podemos entonar para combinarla con la del instrumento.

Esta técnica se utiliza principalmente en los instrumentos que necesitan poca cantidad de aire. En el resto se puede cantar a la vez que se toca, utilizando el mismo aire que sale por la boca y hace sonar el instrumento para hacer vibrar las cuerdas vocales.

4

EL SONIDO

Cuando se escucha cualquier tipo de música es sencillo distinguir qué instrumento o conjunto está tocando, si lo está haciendo fuerte o suave y si la melodía es aguda o grave. Estas características propias del sonido, sumadas a otras como la velocidad, el ritmo, la articulación y el fraseo, convenientemente utilizadas por el artista consiguen provocar en el espectador una determinada sensación a nivel emocional.

Un cuadro pintado por un gran artista puede llegar a conmover, pero visto de cerca no deja de ser una mezcla de pigmentos distribuida de determinada manera por todo el lienzo. Se debe al talento del pintor el saber combinar formas, sombras y contrastes de manera que toquen la sensibilidad de quien lo está contemplando. Al igual que un pintor debe saber mezclar sus pinturas y elaborar sus propios colores para después crear una obra de arte que emocione al espectador, el músico debe explorar y utilizar todas las posibilidades sonoras y técnicas de su instrumento para que su interpretación sea completa y enriquecedora. Siguiendo con el símil, el estudio de la técnica es al músico lo que la preparación del material y la mezcla de los colores es al pintor, y el fraseo son los trazos e imágenes que dibuja con esos colores. Cuanto más amplia sea su paleta y más experiencia tenga en la combinación de diferentes tonos y sombras, más rica será su obra.

En el colegio se aprende que el color verde se consigue mezclando pintura azul y amarilla, y el naranja mezclando amarillo y rojo pero ¿cómo se consigue determinado sonido? ¿cuáles son los colores básicos que lo forman?

El sonido tiene tres cualidades fundamentales:

▶ Timbre.

▶ Altura.

▶ Intensidad.

La variedad y combinación de estas cualidades provocan distintas sensaciones en el oído, aunque lo apropiado sería decir que las provoca en el cerebro, que es el que interpreta las señales que recibe.

En este capítulo se describirá cada una de ellas, se analizará su funcionamiento y se propondrán ejercicios para trabajarlas y explotar todas sus posibilidades. Después, será la libertad interpretativa de cada instrumentista la que le guiará para crear su propia obra.

> La música es la aritmética de los sonidos, como la óptica es la geometría de la luz.
>
> *Claude Debussy* (1862-1918)

¿Por qué los instrumentos no suenan igual?

Es evidente que todos los instrumentos suenan diferente. Cualquiera con un mínimo de oído puede distinguir el sonido de una flauta del de un clarinete o el de un oboe del de un saxofón, aunque no sepa nombrarlos.

Un instrumento de viento es básicamente un tubo provisto de un mecanismo en uno de sus extremos, la boquilla o la caña, capaz de excitar el aire contenido en el mismo. Si se mira un poco más atentamente se observa que hay diferencias en su construcción: tanto la flauta como el clarinete son tubos de forma cilíndrica, y el oboe y el saxofón son cónicos; el oboe y el fagot usan cañas dobles y el saxofón y el clarinete una caña simple, mientras que la flauta tiene una

boquilla con forma de bisel. Es fácil deducir que es la relación entre los diferentes tipos de boquilla o caña de cada instrumento y la forma del mismo, junto con otros factores como el material con que está fabricado, los que determinan el sonido característico de cada uno de ellos y los hace inconfundibles.

Pero ¿qué es lo que se percibe realmente? ¿qué es lo que se escucha que permite reconocer inmediatamente qué instrumento es el que está sonando?

La respuesta puede resultar poco intuitiva, pero es así como ocurre: cuando se escucha el sonido de cualquier instrumento lo que se oye en realidad no es un sonido simple, una única onda viajando por el aire, sino varios sonidos combinados. Un sonido simple sólo puede ser producido por un diapasón o un sintetizador, todos los demás sonidos son complejos: los de los instrumentos, el de la voz, y también el sonido que se puede producir con cualquier objeto están formados por multitud de ondas diferentes que se mueven a la vez y se combinan unas con otras.

Aunque al oír un instrumento se tenga la sensación de estar escuchando una única nota, en realidad están sonando varias al mismo tiempo:

▶ Un sonido fundamental, que es el que en música da el nombre a la nota.

▶ Otros sonidos más débiles llamados armónicos o parciales.

Al sonido fundamental se le conoce como primer armónico, al siguiente como segundo, tercero, cuarto, y así sucesivamente. Por ejemplo, al escuchar un Do, lo que se está oyendo realmente es su serie de armónicos:

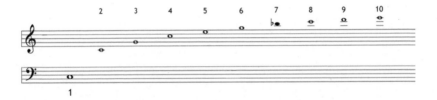

Si se quieren hallar los armónicos de cualquier otra nota bastará con tomarla como fundamental y construir sobre ella el resto de los intervalos de esta serie. El armónico n° 7 suele indicarse en negrita por no corresponderse exactamente con la afinación de esa nota.

> ❐ **Experimento:** para comprobar la existencia de la serie de armónicos acércate a un piano y toca una nota grave manteniendo pulsado el pedal para que los apagadores queden al aire. Observarás que las cuerdas correspondientes a los armónicos de esa nota empiezan a vibrar. A este fenómeno se le llama simpatía o resonancia. Algunos instrumentos tradicionales de cuerda lo utilizan para reforzar su sonido con un juego suplementario de cuerdas.

Pero la existencia de esta serie no explica por sí sola cómo se pueden distinguir los diferentes instrumentos. El detalle más importante a tener en cuenta es que no todos los armónicos están presentes en el sonido con la misma intensidad. La clave del timbre y del color característicos de cada instrumento está precisamente en la diferente intensidad con la que suenan esos armónicos. Cada parte del instrumento y los diferentes materiales con que está construido tienen su propia capacidad de vibración, y también influye a forma de excitar el aire con la caña o la boquilla. La combinación de todas estas vibraciones diferentes es la que proporciona al instrumento su propia gama de armónicos. Si se variara cualquiera de esos elementos el color del sonido también cambiaría.

El timbre de todas las notas que produce un determinado instrumento es similar, porque la presencia relativa de los armónicos que lo forman es parecida en todas ellas, pero basta con comparar el espectro armónico de los diferentes instrumentos, en donde están representados los armónicos con su respectiva intensidad, para comprobar la diferencia entre ellos.

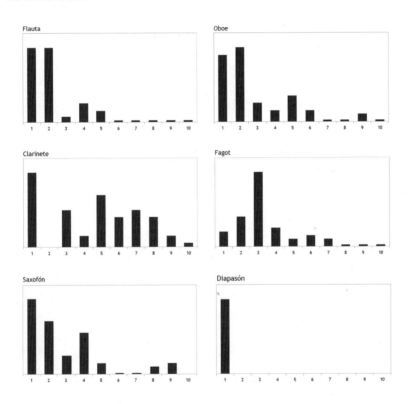

Espectro armónico

Otro tipo de gráfico es en oscilograma, en el que está representada la onda que produce el sonido de cada instrumento. En la ilustración siguiente se puede comparar la forma de cada una de ellas con la del sonido producido por un diapasón. Se observa que los instrumentos producen ondas compuestas, formadas por la superposición de varias ondas simples superpuestas, y el diapasón una onda senoidal. Los sonidos más agudos de la flauta se asemejan mucho a una onda de ese tipo.

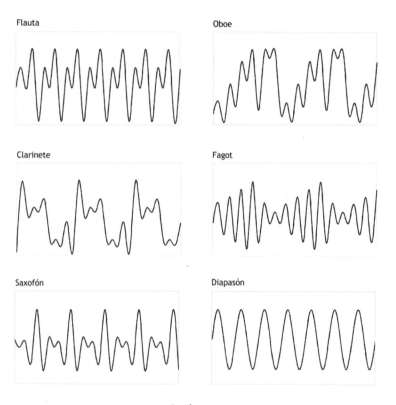

Oscilograma

¿Por qué un instrumento puede sonar más o menos agudo?

La altura del sonido viene determinada por la velocidad de la vibración que se propaga por el aire, denominada frecuencia, que se mide en hercios (Hz) y se corresponde con el número de oscilaciones por segundo. Las notas agudas son producidas por frecuencias elevadas, mientras que en las graves las ondas se mueven más lentamente.

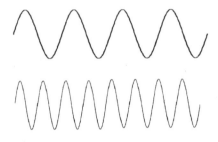

La altura del sonido depende de la velocidad
de la vibración. Ondas de un sonido grave y
otro agudo de la misma intensidad.

Cuando se dice que el La de orquesta está afinado a 442Hz se quiere decir que se corresponde con una vibración de 442 ciclos por segundo. Es decir, que el aire oscila 442 veces cada segundo.

La forma de variar la frecuencia del sonido en un instrumento de viento está relacionada con la velocidad con que llega el aire que incide sobre la embocadura o la caña: cuanto más velocidad tenga el aire, más rápida será la frecuencia del sonido emitido. Por eso las notas más agudas necesitan más velocidad que las graves.

El aire se puede comprimir en mayor o menor medida dentro de la boca. Esas diferencias de presión, adaptadas a cada tesitura, facilitan la emisión de las notas manteniendo su afinación y estabilidad.

Es importante distinguir el movimiento vibratorio del movimiento del aire: la vibración son pequeñas variaciones de presión dentro de la columna de aire contenida en el instrumento y que se extienden por el aire de la sala, y no un movimiento longitudinal de éste. Las ondas se propagan por la habitación sin que el aire de la misma se mueva, únicamente cambia la presión según se mueve la onda y no se provoca una corriente de aire.

Este es el mismo principio que se observa al lanzar una piedra a un estanque: al entrar en el agua produce un movimiento vertical que se va desplazando en forma de onda circular, pero el agua permanece siempre en su lugar, no se derrama por los lados. Se puede comprobar colocando un objeto flotante y observando cómo no se mueve del sitio al tirar la piedra, sino que oscila de arriba a abajo. También se puede ver en el mar: las olas son ondas que mueven la columna de agua arriba y abajo. Los barcos amarrados siguen ese movimiento vertical y no se desplazan.

Cuando en los ejercicios se mencionen conceptos como dirección o velocidad de aire se estará refiriendo al soporte, conducción y movimiento del mismo que provoca la vibración, pero no se quiere decir que el aire se desplace por el auditorio hasta llegar a los espectadores. No se debe confundir la velocidad del aire, que al mantenerse estable proporciona al sonido continuidad y control, con la velocidad o frecuencia de la vibración, que al cambiar varía la altura del sonido y también depende de otros factores como la digitación o la longitud acústica del tubo. En los ejercicios se profundizará más en esta diferenciación.

Es importante destacar que, a diferencia de la boquilla de la flauta, las cañas de los demás instrumentos tienen su propia frecuencia de vibración, que se puede variar y tiene su influencia para determinar la altura del sonido. Esto se puede verificar fácilmente haciendo sonar la caña o la boquilla fuera del instrumento, y es el fundamento de interesantes ejercicios de emisión.

¿Por qué un instrumento puede sonar fuerte o suave?

Esta pregunta es la que tiene la respuesta más sencilla, porque es fácil comprobar que cuanto más fuerte se sopla más fuerte suena el instrumento, igual que suena más fuerte un timbal cuanto más fuerte se le golpea con la maza: el parche apenas se mueve cuando se toca suavemente, pero sus vibraciones son perfectamente visibles cuando se percute con fuerza.

La sensación que tiene el oyente de que un instrumento suena con mayor o menor intensidad viene determinada por la amplitud del movimiento vibratorio que origina el sonido, y en el caso de los instrumentos de viento está relacionada con la cantidad de aire que pasa por la embocadura: a mayor cantidad de aire, más amplitud de la onda (pero no más velocidad, que haría subir la entonación), y a menor cantidad de aire, menor amplitud.

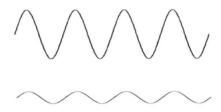

La intensidad del sonido depende de la amplitud de la vibración. Ondas de un sonido fuerte y otro débil de la misma altura.

Al margen de la intensidad real del sonido, la percepción subjetiva de volumen está también relacionada con su altura, aunque de manera secundaria. Los sonidos graves tienden a ser percibidos como más llenos que los agudos. Así, una nota emitida por el flautín puede parecer con menos cuerpo que otra del fagot tocada con la misma intensidad.

> El **timbre** de un instrumento depende de la relación de intensidad entre los parciales que forman su sonido.

> La **altura** del sonido depende de la frecuencia (velocidad) de la vibración.

> La **intensidad** depende de la amplitud de la onda.

❏ **Dos principios fundamentales:**

• A mayor velocidad del aire, la vibración producida es más rápida y el sonido sube.

• A mayor cantidad de aire, la vibración producida es más amplia y el sonido más fuerte.

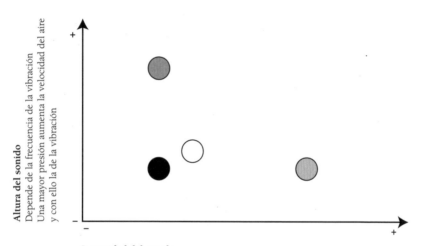

Altura del sonido
Depende de la frecuencia de la vibración
Una mayor presión aumenta la velocidad del aire
y con ello la de la vibración

Intensidad del sonido
Depende de la amplitud de la vibración
La vibración es más amplia cuanto mayor es la cantidad de aire que la provoca

En el gráfico se puede apreciar la diferencia entre varias notas:

▶ La nota gris oscuro es más aguda que la negra pero tiene la misma intensidad. Por tanto, necesitará más velocidad de aire, pero no más cantidad.

▶ La nota gris claro suena más fuerte que la negra con la misma altura. Necesitará más cantidad de aire, pero con la misma velocidad.

▶ La nota blanca necesita algo más de cantidad y de velocidad de aire que la negra, porque es ligeramente más aguda y más fuerte.

¿Cómo funciona un instrumento de viento madera?

La diferencia fundamental entre los instrumentos de esta familia reside en la forma en que se excita la columna de aire contenida en el tubo del instrumento.

▶ En la flauta, el aire que incide sobre el bisel de la embocadura se divide en dos mitades. De ellas, la que penetra en el instrumento es la que provoca la vibración del aire contenido en él. La otra mitad no tiene un efecto significativo.

▶ En los demás instrumentos es una caña la que hace vibrar el aire presente en el tubo: en el caso del clarinete y el saxofón al vibrar sobre la boquilla y en el del oboe y el fagot al hacerlo las dos palas entre sí.

El tubo del instrumento puede producir por sí solo un único sonido fundamental, determinado por la longitud del mismo: cuanto más largo sea el tubo más grave será el sonido, y cuanto más corto, más agudo. Es fácil de comprobar si se comparan los tamaños de los diferentes saxofones o los de la flauta y el flautín. Para un diámetro del tubo igual, la relación de los sonidos es de una octava por cada doble o mitad de su longitud:

▶ Un tubo el doble de largo que otro sonará una octava más grave.

▶ Uno la mitad de largo sonará una octava más agudo.

Esta relación ideal en la realidad se ve afectada por diversos aspectos de la construcción de los instrumentos como la forma del tubo o el tipo de embocadura.

La longitud acústica del instrumento se puede variar practicando agujeros en el tubo que la acorten, de forma que el instrumento termina allá donde esté abierto el primero de ellos. Al tapar o destapar los agujeros con los dedos se consiguen distintas longitudes del tubo, y con ello se producen diferentes sonidos fundamentales.

De esta manera se pueden conseguir poco más que las notas de la primera octava, dependiendo del instrumento, pero como hemos visto en el gráfico, en ese sonido fundamental está contenida su serie de armónicos. Esta característica del sonido se utiliza para obtener el resto de las notas del instrumento, aumentando la presión del aire y con ello su velocidad, de forma que con las posiciones de la primera octava se pueden conseguir las notas de la segunda, que son sus respectivos segundos armónicos o parciales. El caso del clarinete es especial, puesto que debido a su espectro armónico, que carece del segundo parcial, con las posiciones de la primera octava se consiguen las notas de la doceava superior, su tercer armónico. Esto es debido a la peculiar reacción que produce la relación del tubo cilíndrico con la boquilla de lengüeta simple: la flauta también es cilíndrica, pero con su boquilla produce octavas, y el saxofón utiliza también una lengüeta simple, pero es cónico y también produce octavas.

El oboe, el saxofón y el clarinete disponen de llaves, llamadas de octava o portavoces, para facilitar el cambio de tesitura. Funcionan de igual manera que cuando un violinista apoya ligeramente su dedo sobre la cuerda para obtener los sonidos armónicos. Así, las notas más agudas se obtienen como parciales de orden más elevado. En el oboe se utilizan hasta cuatro llaves de octavas diferentes (el movimiento de giro del dedo índice de la mano izquierda funciona como una llave de octava).

En el registro agudo no es fácil saber de qué llave fundamental proviene cada nota, porque las digitaciones originales están complementadas con el uso de otras llaves para mejorar la afinación o el color de la misma, pero con un poco de paciencia se puede averiguar.

❐ **Experimento:** analiza las posiciones de las notas agudas de tu instrumento para deducir de qué nota fundamental provienen.

Conociendo el mecanismo por el que se obtienen las notas es fácil darse cuenta de que todos los instrumentos tienen un límite de extensión hacia el grave, determinado por la longitud máxima de los mismos, mientras que el límite superior depende del dominio que el instrumentista tenga de la columna de aire y de la presión y velocidad de éste.

El diferente origen de las notas conlleva ligeras variaciones en el timbre y amplitud de las mismas que deben ser compensadas por el intérprete para lograr un color del sonido homogéneo y coherente en todos los registros.

Un tipo especial de sonidos son los llamados armónicos. Aunque las notas del registro medio y agudo se producen habitualmente, como hemos visto, como segundos parciales de la primera octava (terceros en el clarinete), también pueden conseguirse como parciales de orden más alto de otros sonidos fundamentales. Estas notas se conocen como sonidos armónicos. Por ejemplo, en el oboe el La5 se obtiene normalmente como segundo parcial del La4 utilizando la segunda llave de octava, pero también puede hacerse como tercer parcial del Re4, utilizando también la segunda llave de octava. El carácter del sonido de los armónicos es más suave y velado que el de los obtenidos con las posiciones habituales.

❐ **Experimento:** investiga qué sonidos armónicos se pueden obtener con tu instrumento. Para ello, ve variando la presión sobre una nota grave o utiliza llaves de octava diferentes de las habituales.

¿Cómo se controla el sonido del instrumento?

Como se ha visto más arriba, el sonido tiene tres características principales, timbre, intensidad y altura. Para poder realizar un trabajo específico es importante saber en qué partes del cuerpo reside el control de cada una.

Aunque las tres estén estrechamente relacionadas y cualquier variación en una de las tres puede tener influencia en las otras, se puede establecer el siguiente esquema:

▶ El **timbre** depende principalmente de la embocadura y de la resonancia del sonido dentro de la cavidad bucal, por eso un mismo instrumento puede sonar de forma diferente a dos personas. Con pequeños movimientos de los labios o la garganta es posible modificar la proporción entre los armónicos del instrumento y con ello cambiar el timbre. Estos movimientos deben ser controlados para no afectar ni a la altura ni a la intensidad del sonido.

▶ La **intensidad** del sonido depende de la cantidad de aire. Las notas fuertes necesitan más cantidad que las suaves, y ésta se puede incrementar aumentando el peso que sobre el aire apoyado en el diafragma ejercen los músculos del abdomen. Este apoyo debe ser siempre vertical y hacia abajo, como en los ejercicios propuestos en el Capítulo 3, dedicado a la respiración. Es fácil sentir este movimiento si se hace un *crescendo* sobre una nota estando sentado, o simplemente soplando poco a poco más fuerte sin el instrumento. Al hacer un *diminuendo* se atenúa ligeramente el apoyo, pero siempre sin rebasar el límite que permite que el sonido mantenga su estabilidad.

▶ La **altura** se controla variando la velocidad con que el aire llega a la embocadura y esto se consigue cambiando el grado de presión que se ejerce sobre el aire, principalmente en la parte superior de la garganta y en la boca. El aire más comprimido llega con más velocidad y aumenta la frecuencia del sonido. En ocasiones es necesaria la ayuda de la embocadura, pero no debe ser éste el mecanismo principal.

En la práctica, la forma en que se modifica cualquiera de estos elementos influye en los demás. Por ejemplo, las variaciones de intensidad pueden tener influencia en la altura del sonido si no se hacen las correcciones pertinentes en la embocadura para mantener la misma presión del aire con un diferente caudal. Estas correcciones deben hacerse en su justa medida para no afectar a la afinación ni a la calidad del sonido. Los ejercicios que se ofrecen más adelante tendrán la finalidad de controlar de forma automática estos tres factores trabajándolos primero por separado y después relacionándolos entre sí, de forma que cada instrumentista los pueda utilizar de forma intuitiva en su interpretación.

❒ **Experimento:** toca una nota fuerte y ve haciéndola cada vez más *piano*. Siente cómo el apoyo en el diafragma se va relajando pero aun así se mantiene hasta el final. Cuida de mantener la afinación. Quizá te parezca que necesitas más presión al final, pero esto sólo es debido a que estás tocando con mucho menos aire y tienes que hacer algo más de esfuerzo para mantener la presión. Si no la mantuvieras constante, la nota se desafinaría. Probablemente necesites cerrar un poco la embocadura por los lados, para que la sección del caudal de aire sea menor y mantenga su velocidad. De esta forma la nota no se caerá.

➢ **Consejo:**

• Mejora la amplitud de tu sonido imaginando que estás tocando ante un paisaje abierto, en lugar de en la cabina de estudio.

• Para mejorar la proyección, visualiza que estás en una amplia sala de conciertos y que te estás dirigiendo precisamente a las personas de la última fila del patio de butacas. Cuantos más detalles añadas estas imágenes, más realistas y efectivas serán.

Características del sonido

Al trabajar el sonido es fundamental tener en cuenta las particularidades que se quieren desarrollar en él para considerarlo de calidad. Todas ellas son aplicación y consecuencia de lo explicado más arriba.

▶ **Color.** El color del sonido es la cualidad por la que el oyente reconoce el instrumento o incluso al instrumentista. Puede variar según gustos, estilos, repertorio y escuelas.

▶ **Estabilidad.** Es la característica que hace que un sonido dé sensación de seguridad, creando la ilusión de que podría mantenerse indefinidamente sin perder sus cualidades. Depende de la continuidad del apoyo del aire y del control relajado de sus vías de salida.

▶ **Homogeneidad.** Un sonido homogéneo debe tener un timbre coherente en toda la extensión del instrumento, respetando las peculiaridades propias de cada registro.

▶ **Amplitud.** La amplitud da al sonido sensación de plenitud, con todos los armónicos característicos del instrumento vibrando con libertad. Viene determinada por la abertura de la garganta, que proporciona más resonancia al sonido.

▶ **Proyección.** La proyección está relacionada con la amplitud y la intensidad, y se consigue potenciando la resonancia del sonido dentro de la cavidad bucal. Es la característica que consigue que un sonido sea escuchado de forma agradable a pocos metros del intérprete y también al fondo de la sala. Por el contrario, un sonido sin proyección puede resultar molesto cerca del instrumentista y ser apenas audible un poco más allá.

▶ **Afinación.** Las demás características carecerían de sentido si la nota no estuviera afinada con respecto a las demás o a las del resto de instrumentos con los que se está tocando. Son muchos los factores que influyen en la afinación, pero sobre todo es la relación entre la cantidad de aire, su estabilidad y la abertura de la embocadura y la garganta, que condicionan la velocidad con la que aquél llega a la embocadura.

La función de la embocadura

La forma de colocar los labios es diferente entre los instrumentos de viento madera, pero la función que tiene la embocadura es común a todos ellos: conducir el aire desde su apoyo en el diafragma hasta el instrumento de la forma más relajada posible, una vez elaborado en la garganta y la cavidad bucal. También tiene su función como controlador del timbre del instrumento, como se explicó más arriba. Los músculos de la cara forman un embudo que dirige el aire hasta la embocadura y mantienen los labios en su sitio.

Los tipos de embocadura de estos instrumentos son:

- **Flauta.** La placa de la embocadura del instrumento se apoya directamente en los labios. Es el único instrumento que no introduce la boquilla en la boca, lo que dificulta el control de la embocadura.

- **Oboe.** La caña doble se controla con los labios colocados hacia dentro de la boca para controlar el exceso de vibración de la caña, sujetos desde las comisuras y sin presionar con los dientes.

- **Fagot.** También utiliza una doble lengüeta, pero en este caso se controla en la mayoría de los casos sin meter los labios, aunque hay intérpretes que sí lo hacen.

▶ **Clarinete y saxofón.** Los dientes superiores se apoyan en la boquilla y la lengüeta simple vibra sobre ella. Algunos intérpretes envuelven los dientes inferiores con el labio.

En todos los casos, la posición de la embocadura debe ser relajada, con la tensión justa para evitar que el aire escape pero conservando cierta movilidad porque, como se comprobará al hacer los ejercicios, es necesario hacer correcciones al cambiar de matiz o de tesitura para que la afinación no se resienta.

EJERCICIO 15. Movilidad de la embocadura

▶ Utilizando sólo la boquilla, la caña, o la caña más el tudel, según resulte más cómodo, pero sin el instrumento, tocamos una nota larga sintiendo el apoyo de la respiración y el fluir del aire como se ha explicado en el capítulo 3.

▶ A continuación, mientras repetimos la nota, vamos abriendo la embocadura muy lentamente para comprobar que conservamos la movilidad de la embocadura y no hay más tensión de la necesaria. Debe ser un movimiento de la mandíbula de arriba a abajo, y no de los labios hacia afuera. La afinación de la nota bajará a medida que abramos la embocadura.

▶ Volvemos a la posición inicial. El sonido volverá a subir.

▶ Repetimos varias veces.

➤ **Consejo:**

• Haz este ejercicio a diferentes velocidades, para asentar la sensación de control de la embocadura.

• Al bajar, es muy importante no rebasar el punto desde el que no es posible volver a la posición inicial.

• En todo momento el sonido debe mantenerse estable y con la misma intensidad, aunque cambie su altura.

El control del sonido

El mejor ejercicio para conseguir un sonido estable y de calidad sigue siendo una buena sesión de notas tenidas, octavas y otros intervalos. Puede ser una sesión larga si se quiere hacer un trabajo específico o corregir algún defecto que se haya detectado, o simplemente ser una parte más de la rutina diaria de calentamiento. En ambos casos es un formidable ejercicio de relajación, si se comprende bien el mecanismo y se consigue encontrar las sensaciones correctas. Unos minutos diarios bastan para dejar afuera las preocupaciones del día y centrarse en el estudio.

Las notas tenidas pueden hacerse de muchas maneras que se explicarán aquí, y cada una de esas variantes trabajará un aspecto diferente del control del sonido. Es interesante hacerlas sentado, porque la sensación de apoyo de la respiración es más fácil de conseguir, pero también es necesario trabajarlas de pie para ir preparando el trabajo de solista.

Antes de empezar con los ejercicios elegiremos una serie de notas para la sesión. Es conveniente tomar las de la escala que más tarde se estudiará en el trabajo de mecanismo. De esta manera, las cualidades que el sonido va adquiriendo en las notas tenidas se reconocerán más fácilmente en la escala. Según el tiempo de que se disponga pueden ser todas las notas de la escala o solamente las del arpegio pero, en todo caso, es importante seguir un orden y una progresión en la tesitura. También es interesante marcarse una duración determinada, para ir ganando en resistencia y control del sonido.

> ➤ **Consejo:** cuando hagas notas tenidas, termina cada una mientras sientas que aún la controlas. No fuerces la emisión queriendo aguantar más de lo debido, porque perderás las buenas sensaciones que estás buscando.

EJERCICIO 16. Notas tenidas

Empezaremos cada nota en un matiz confortable que mantendremos hasta el final. Debe tener una intensidad que nos permita sentir que el instrumento responde fácilmente y aparentemente sin esfuerzo por nuestra parte. Si la respiración está bien colocada y la inspiración ha sido correcta, el aire saldrá por sí solo al volver el diafragma y los músculos del abdomen a su posición inicial. El aire hará todo el trabajo sin necesidad de empujarlo. Al mantener invariables la altura y la intensidad del sonido no hay correcciones ni adaptaciones que hacer, y el sonido debe fluir libremente.

Cuidaremos de mantener constantes el color, la estabilidad, homogeneidad, amplitud, proyección y afinación a todo lo largo de la nota.

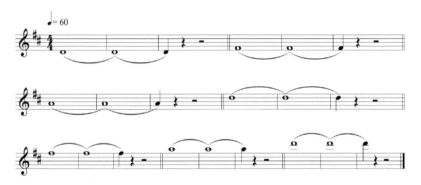

> ➢ **Consejo:** utiliza un pulso entero en cada inspiración o espiración. Así conseguirás una respiración más profunda y con un mejor apoyo.

EJERCICIO 17. Notas filadas

Para este ejercicio podemos tomar las notas del Ejercicio 16 en el mismo orden o, si ya tenemos un control suficiente del instrumento, en el orden inverso.

Empezaremos cada nota en un matiz cómodo e iremos creciendo progresivamente hasta llegar al fuerte. Después, volveremos a disminuir hasta un límite donde aún controlemos el sonido.

También podemos hacer el ejercicio inverso: empezando fuerte, iremos disminuyendo hasta el *piano*, para después volver al volumen inicial.

Los ejercicios 16 y 17 parecen muy similares, pero hay una gran diferencia entre ellos: la intensidad va variando a lo largo de toda la nota, aunque no el resto de sus características. Si simplemente se soplara más fuerte, tal como se ha explicado que se hace para producir un sonido más intenso, el aire de más se comprimiría en la embocadura y eso haría que la vibración ganara velocidad (frecuencia) y la afinación subiera. Para controlar la afinación hay que hacer un movimiento similar al del ejercicio 15 para compensar la cantidad extra de aire con una cavidad un poco más grande, de forma que la presión se mantenga constante y, con ello, la altura del sonido. La gran dificultad de este ejercicio estriba en saber medir el grado de corrección que es necesario en cada nota: las agudas son más inestables que las graves, y éstas a su vez necesitan una abertura aún mayor. Si no se abre lo suficiente la embocadura en cualquier tesitura, el sonido seguirá siendo demasiado alto al llegar al fuerte, pero si se abre demasiado la afinación bajará. Además, en los instrumentos de lengüeta la cantidad de aire necesaria y el grado de estabilidad de las notas vienen condicionados por la abertura y dureza de la caña, con lo que todas las correcciones hay que adaptarlas al material de que se dispone en cada momento.

Sólo la práctica diaria de este tipo de ejercicios proporciona la capacidad de hacer estos ajustes de forma automática y no tener que pensar en ellos cuando se está tocando el repertorio. No necesita ser exhaustiva, pero sí regular. Una vez se controla el gesto, las sensaciones de control sobre el sonido son tan relajantes como con las notas tenidas.

EJERCICIO 18. Octavas

Al cambiar de octava se producen varios cambios importantes. El primero atañe a la frecuencia del sonido: la relación de la frecuencia de una nota con la misma nota en la siguiente octava es del doble. Si el La4 vibra a 442Hz, el La5 lo hace a 884Hz. Otra diferencia es que, al no tratarse de sonidos fundamentales, la propia composición del sonido de las notas del registro medio y agudo es diferente de éstos. Todo ello requiere una adaptación de la emisión para encontrar la nota en su justa afinación manteniendo en lo posible las mismas características de color, amplitud y estabilidad que en la octava inferior. Por un lado es necesaria una mayor velocidad del aire en las notas agudas para asegurar que se mantiene la frecuencia de la vibración, y por otro compensar la menor riqueza de armónicos del sonido buscando una mayor resonancia dentro de la cavidad bucal.

El principal problema que se suele presentar es que a menudo se pretenden asegurar las notas agudas sujetándolas con la embocadura. Es cierto que requieren un poco más de control en este punto, pero si es excesivo la nota probablemente estará demasiado alta. También hay que tener en cuenta que si se cierra demasiado la embocadura se produce un efecto similar al comentado en el ejercicio 17: al cerrar la salida del aire éste se comprime, lo que hace subir la entonación, pero a su vez es poca la cantidad de aire que hace vibrar al instrumento, por lo que el timbre sonará apretado y sin proyección. El objetivo del ejercicio de octavas es saber reconocer la mejor posición posible para cada nota, aquella en que suena con su mejor calidad de forma confortable, partiendo de la seguridad que proporciona salir del sonido fundamental, más estable. Este sonido tiene la ventaja añadida de contener su propia octava como segundo armónico (excepto, como se ha indicado antes, en el caso del clarinete) lo que permite escuchar la nota de destino mientras se está tocando la primera nota y encontrar la afinación más fácilmente.

> ➤ **Consejo:** mantén el pulso también en los silencios. De esta forma ganarás en relajación y control de la respiración.

EJERCICIO 19. Octavas con variación de la intensidad

En este ejercicio se trabaja el cambio de matiz estudiado en el ejercicio 17 combinándolo con el cambio de frecuencia del ejercicio 18. El objetivo es encontrar la proporción justa entre la cantidad de aire que se envía según la intensidad de cada momento con la velocidad que se necesita para asegurar la afinación de la nota, junto con las pertinentes correcciones para asegurar la correcta entonación y color del sonido. Explicado de esta manera parece más complicado de lo que es en realidad, pero si se han trabajado regularmente los ejercicios 17 y 18 no es difícil conseguirlo de forma prácticamente automática. También se puede realizar con el cambio de matiz a la inversa.

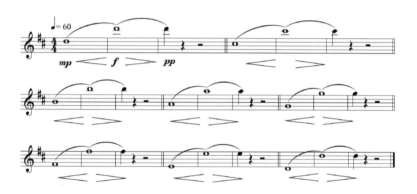

> **Consejo:** cuando tengas un examen o un concierto, no preludies a toda velocidad. Sólo conseguirás ponerte más nervioso y no impresionarás a nadie. Calienta con unas cuantas notas tenidas y octavas. En pocos minutos volverás a tener la sensación de que controlas el sonido y de que todo va a ir bien.

EJERCICIO 20. Octavas con pausa

Este ejercicio sirve para reconocer la colocación de las notas agudas retirando poco a poco la ayuda de la nota grave. Es importante respirar en cada silencio para volver a encontrar esa colocación antes de tocar la nota de la octava superior. También se puede combinar con variaciones de intensidad como en el ejercicio 19.

> **Consejo:** repite los ejercicios 18, 19 y 20, pero con intervalos de quinta o de cuarta. Ganarás en flexibilidad a la vez que mejoras tu afinación.

La flexibilidad

La flexibilidad es el grado de facilidad y limpieza con que se pasa de una nota a otra sin cambios bruscos y sin modificar las características de homogeneidad y color del sonido. Los ejercicios anteriores han servido para reconocer la posición más cómoda para obtener cualquier nota independientemente de su tesitura o intensidad, aquella en la que suena con la mejor calidad y el menor esfuerzo. El siguiente paso será lograr la flexibilidad suficiente para adaptar la emisión a cada nota cuando la frase se mueve a mayor velocidad y llegar con la práctica, como en el resto de ejercicios de este libro, a hacerlo de forma automática, de manera que al leer una nota o una serie de ellas todo el mecanismo de emisión del sonido, diafragma, músculos del abdomen, garganta, lengua, embocadura, se active para reproducirla de forma natural.

La flexibilidad se trabaja eficazmente con ejercicios de intervalos a una velocidad progresivamente mayor. Pueden ser intervalos repetidos o una serie sobre la escala. En ambos casos hay que tener en cuenta que no todos los intervalos tienen la misma dificultad, por lo que la velocidad deberá estar adaptada a cada uno de ellos. Los intervalos descendentes son generalmente más difíciles de controlar que los ascendentes. A todo lo largo de cada ejercicio, pero especialmente cuando se va hacia la nota inferior, es necesario prestar mucha atención a la continuidad del envío de aire para que el sonido no se corte. Una embocadura relajada también ayuda a ello: si se detecta que se necesita apretar para conseguir las notas agudas, se deben volver a practicar ejercicios como el primero de este capítulo para conseguir que el aire pase por la embocadura con la fluidez necesaria.

> ➤ **Consejo:** cuando tengas un salto hacia una nota difícil, asegúralo alargando un poco la nota anterior y manteniendo en ésta la dirección del aire.

EJERCICIO 21. Intervalos

Empezaremos con intervalos pequeños a poca velocidad, para comprobar la unión entre las notas y cuidar de que el sonido sea homogéneo. Haremos siempre el ejercicio ligado, velando porque no haya golpes incluso en los saltos más grandes. Poco a poco iremos aumentando la velocidad, vigilando que no se resienta la calidad del ligado. De ser así, es mejor volver a la velocidad anterior. En este ejemplo y en los de los siguientes ejercicios sólo se presenta el inicio de cada uno. Se debe completar la serie hasta alcanzar la extensión deseada, y puede hacerse tanto en sentido ascendente como descendente.

> ➤ **Consejo:** practica los ejercicios 45, 46, 47 y 48 del capítulo 6 para ir variando el trabajo. Hazlos ligados a velocidad muy lenta y ve poco a poco incrementándola.

La resistencia

Tocar un instrumento tiene un alto nivel de exigencia física. Con el estudio de la técnica se pretende sacar el máximo partido a cada gesto para poder tocar eficientemente y con comodidad. Para ello es muy importante que todos los movimientos que conciernen a la respiración, a la emisión y al mecanismo sean realizados con la mayor soltura posible para evitar tensiones, pero también hay un componente de entrenamiento de la resistencia que es necesario. Todos los músculos que intervienen en el momento de producir un sonido necesitan fortalecerse para poder tocar el repertorio con comodidad. De nada sirve disponer de unos minutos de sonido maravilloso si no se es capaz de mantenerlo hasta el final de la sonata. Pero no se trata simplemente de acumular tiempo de estudio, en el peor de los casos sólo se estará consiguiendo afianzar errores que podrían haberse corregido con un poco de reflexión. Si un instrumentista tiene tendencia a tocar crispado y toca cualquier cosa de esa manera durante horas, lo más probable es que termine bloqueando su progresión o lesionándose.

La mejor manera de trabajar la resistencia es con ejercicios específicos que vayan aumentando el nivel de exigencia física de manera muy gradual. De esta forma se puede analizar cada gesto al principio del ejercicio, se reconocen las buenas sensaciones de control que se han conseguido con los ejercicios de sonido, y se consigue mantenerlas cada vez en fragmentos más largos. Este tipo de ejercicios es también muy útil al principio de cada curso para recuperar en poco tiempo el estado de forma que se tenía antes de las vacaciones.

Para realizarlos de manera correcta hay que tener en cuenta dos cuestiones fundamentales:

> Son ejercicios bastante fatigosos, por lo que no es recomendable hacerlos más de una o dos veces al día.

> Se debe prestar mucha atención a las sensaciones. Si se detecta que la tensión va aumentando es mejor interrumpir el ejercicio y volver a él al día siguiente, más descansados.

EJERCICIO 22. Resistencia

Se trata de partir de la tónica de la escala e ir añadiendo cada vez una nota más hasta llegar a la máxima longitud posible. Conviene realizar este ejercicio una vez hayamos calentado, pero antes de que empecemos a cansarnos.

Es importante respirar adecuadamente en cada silencio, expulsando el aire sobrante antes de la siguiente inspiración, si fuera necesario. Es fundamental que utilicemos el metrónomo para mantener un pulso regular y evitar la tentación de acelerar al terminar la frase.

El objetivo del ejercicio es abarcar la mayor extensión posible, pero termina justo antes de que aparezca la fatiga o se pierda la calidad del sonido. Si conseguimos llegar a la nota más aguda deseada, podemos continuar el ejercicio llegando cada vez hasta una nota menos.

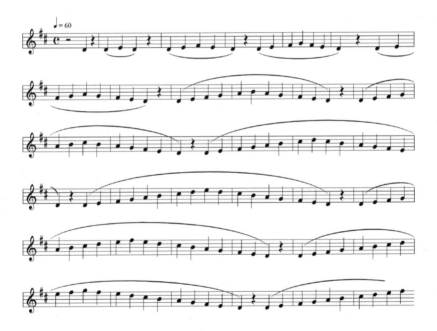

▶ Si queremos repetir el ejercicio, deberemos volver al principio con una sola nota, después de haber descansado un momento para no acumular tensión.

▶ Podemos aumentar la velocidad del metrónomo hasta el doble, para trabajar también la velocidad de la respiración. Llegaremos más lejos en el ejercicio, pero a la vez nos estaremos obligando a hacer una respiración igual de buena en menos tiempo

> ➤ **Consejo:** anota cada día hasta qué nota has llegado sin problemas y a qué velocidad, y recuerda: no hagas el ejercicio más de un par de veces seguidas.

Los estudiantes que ya tengan un buen control del instrumento pueden intentar el ejercicio empezando desde arriba, pero hay que estar especialmente atentos con las sensaciones, porque comenzar cada vez en una nota aguda puede causar más tensión. Es un buen ejercicio, porque aúna la resistencia con el control de la emisión, pero sólo para instrumentistas avanzados.

La afinación

La afinación es la relación que tienen dos o más sonidos entre sí o con una determinada referencia. La más usada en la actualidad es el La a 440 o 442Hz, pero históricamente se han usado otras diferentes, dependiendo de los países o incluso de las ciudades, que tenían su propia afinación tal y como tenían su propio sistema de pesos y medidas.

Si suenan dos notas al unísono y están perfectamente afinadas a la misma frecuencia sus vibraciones se superponen y se perciben como una sola nota, pero si no están bien afinadas entre sí se producen oscilaciones o pulsaciones que se perciben como pequeñas irregularidades en la intensidad del sonido. Estas oscilaciones serán más rápidas según la diferencia entre las notas sea mayor, y se ralentizarán a medida que la afinación se vaya ajustando.

Cuando se tocan dos notas diferentes pueden o no producirse pulsaciones, según sea el intervalo de que se trate: al unísono no se producen, ni tampoco en el intervalo de octava porque, como se ha visto más arriba al explicar cómo se producen físicamente sonidos de diferentes alturas, la frecuencia de la vibración de la nota superior es exactamente el doble que la de la inferior, con lo que su onda queda contenida en la de ésta y no choca con ella. Lo mismo ocurre con la quinta y cuarta justas, que también pueden considerarse intervalos puros porque no producen oscilaciones. El resto de los intervalos producen pulsaciones en mayor o menor medida, percibiéndose así como más o menos disonantes.

➢ **Consejo:**

• Las octavas, cuartas y quintas justas son intervalos puros, cuida de que no produzcan pulsaciones.

• Para afinar una tercera mayor, baja un poco la nota superior, y para afinar una tercera menor, súbela.

La condición previa para poder hacer un buen trabajo de afinación es ser capaz de emitir sonidos largos y estables de forma natural. Sin esta estabilidad es fácil caer en el error de encadenar correcciones equivocadas. Por ejemplo, se debe cuidar de no apretar la embocadura para asegurar las notas agudas, y de no perder velocidad de aire ni la colocación de la respiración en las graves.

Otro aspecto importante a tener en cuenta es que, aunque la construcción de los instrumentos ha evolucionado mucho, no existe el instrumento perfecto, y todos ellos tienen notas que necesitan un ajuste en la afinación por parte del intérprete.

Teniendo en cuenta lo anterior, y aunque cada nota tiene su colocación concreta en cada instrumento y todos los gestos están interrelacionados, se pueden establecer dos principios generales:

▶ Para subir una nota: aumentar la presión en la cavidad bucal y con ello la velocidad del aire, pero sin incrementar la tensión de la embocadura para no estrechar el sonido.

▶ Para bajar la afinación: relajar ligeramente la sujeción de la embocadura para que pueda pasar la misma cantidad de aire pero con un poco menos de presión. A la vez que afinamos la nota ganaremos en amplitud y proyección.

➤ **Consejo:**

• Utiliza el afinador como guía para tu trabajo de afinación, pero no te limites a fijarte en lo que indica la aguja, sírvete también del sonido del afinador para encontrar la nota con tu instrumento y así educar tu oído.

• Alterna el estudio de la afinación con y sin afinador. Utilízalo, pero aprende a no depender de él.

EJERCICIO 23. Afinación

La mejor manera de trabajar la afinación es con la ayuda de otra persona. Antes de empezar el ejercicio acordaremos quién debe mantener su nota y quién debe buscar la afinación. Podemos hacerlo con notas al unísono, a distancia de octava, de quinta o de otros intervalos, y atacando la nota los dos a la vez o empezando uno para que el otro pueda encontrar la afinación más fácilmente. También podemos tocar dos melodías independientes que confluyan en una misma nota o en determinado intervalo. Si no disponemos de un compañero podemos utilizar la función de sonido del afinador.

El vibrato

El vibrato es un recurso expresivo que utilizan los instrumentos de esta familia a excepción del clarinete, aunque los clarinetistas de jazz sí lo suelen usar. Está provocado al realizar ligeras fluctuaciones en la emisión del sonido. Éstas pueden ser de dos tipos que el espectador percibe de manera similar, aunque se trate de fenómenos distintos:

▶ Variaciones en la **intensidad** del sonido. Es el vibrato que utilizan los cantantes.

▶ Variaciones en la **altura** del sonido. Es el vibrato de los instrumentos de cuerda.

Los instrumentos de viento madera pueden utilizar los dos tipos de vibrato, según el estilo, registro y volumen del sonido. La forma de obtener ambos es diferente:

▶ El primer tipo de vibrato se conoce como **vibrato de diafragma**, y se obtiene variando repetida y regularmente el apoyo sobre éste, cambiando la cantidad de aire que sale y haciendo que la nota suene alternativamente más o menos fuerte, como si se cantara «a A a A a A a A a A a A a».

▶ El segundo tipo se suele llamar **vibrato de garganta**, aunque esta denominación es imprecisa. Efectivamente, es en la garganta donde se varía alternativamente la presión del aire para hacer subir y bajar el sonido, pero no es la propia garganta la que se mueve, sino la parte posterior de la lengua, como al cantar «a i a i a i a i a i a i a».

También existe el **vibrato de labio**, provocado al abrir y cerrar la embocadura, pero es poco recomendable salvo casos muy especiales, porque tiende a ser demasiado marcado y afecta al timbre y a la amplitud del sonido. Además, suele causar más tensión al instrumentista.

EJERCICIO 24. Vibrato de diafragma

El vibrato de diafragma se produce en los instrumentos de viento utilizando el mismo mecanismo que los cantantes, y es el más adecuado para aquellos que utilizan gran cantidad de aire, como la flauta.

Su funcionamiento se puede reconocer fácilmente:

▶ Sin el instrumento, sentados en una silla, realizamos una buena inspiración y dejamos salir un hilo regular de aire.

▶ Aumentamos y disminuimos lentamente el apoyo sobre el diafragma, aproximadamente un movimiento por segundo.

▶ Vamos haciendo el movimiento poco a poco más rápido, pero siempre de forma regular, hasta que lo percibamos como una serie de breves impulsos.

▶ Una vez comprendido el gesto, repetimos el ejercicio sobre una nota larga con la boquilla o el instrumento completo.

➤ **Consejo:** presta atención para que no se escuche como una serie de golpes bruscos sobre la nota, como si fueran acentos, sino como una suave ondulación.

EJERCICIO 25. Vibrato de garganta

El vibrato de garganta o de lengua es más adecuado para instrumentos como el oboe, que gastan poca cantidad de aire. Imita el movimiento que realiza un instrumentista de cuerda con la mano izquierda, que al girar el dedo que pulsa la cuerda hacia arriba y hacia abajo la alarga y acorta alternativamente, provocando la oscilación de la altura del sonido.

Si practicamos este tipo de vibrato sólo con la caña del oboe, el movimiento puede abarcar entre un cuarto y medio tono, pero el instrumento tiene un efecto amortiguador y el resultado final con éste, la variación de la altura del sonido, es muy leve y no se percibe como desafinación, sino como un cambio de color.

El movimiento que lo provoca es similar al que se realiza al cambiar de tesitura, como en el ejercicio 18. Podemos reconocerlo de esta manera:

▶ Cantamos una vocal «o» muy larga, mejor delante de un espejo.

▶ Cantamos una «i».

▶ Cantamos alternando «o i o i o i o i o i o».

▶ Volvemos a cantar «o i o i o i o i o i o», pero esta vez teniendo mucho cuidado de no mover los labios en absoluto. De este modo es muy fácil percibir el movimiento de la lengua.

▶ Ahora basta con repetir el último ejercicio con el instrumento o la boquilla sobre una nota larga.

Tendremos especial cuidado de que el vibrato sea perceptible pero no exagerado, a fin de conseguir el deseado efecto de cambio de color.

➤ **Consejo:**

• El vibrato, sea cual sea su tipo, es sólo un complemento para un sonido de calidad, y no debe afectar a su continuidad ni estabilidad. Además, debe estar siempre supeditado al fraseo. Puede utilizarse para enfatizar un pasaje o para dar más sensación de intensidad sin cambiar el volumen, o puede pararse buscando otro tipo de efecto.

• Varía tu vibrato en amplitud o velocidad según te lo sugiera el fraseo y ten cuidado, porque tan pobre puede resultar un sonido sin vibrato como uno con un vibrato monótono y uniforme.

EJERCICIO 26. Vibrato medido

Una buena forma de trabajar el control del vibrato es mediante ejercicios de vibrato medido, donde se realiza determinado número de oscilaciones por segundo. Obviamente, al tocar una obra no se medirá el vibrato y se dejará que fluya libremente, pero para alcanzar ese grado de naturalidad es necesario un trabajo previo que proporcione la flexibilidad suficiente para lograrlo.

Empezaremos con una nota estable sin vibrato sobre la que posteriormente haremos los impulsos o los movimientos de la lengua necesarios según el tipo de vibrato que se quiera estudiar, a una velocidad lenta para asimilar el gesto. A continuación tocaremos la misma nota pero con vibrato desde el principio. Siempre terminaremos con una nota sin vibrato. Poco a poco iremos incrementando la velocidad.

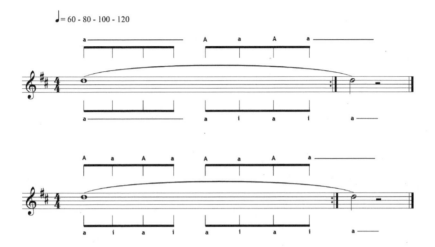

Una vez hemos dominado la técnica, con este ejercicio también podemos trabajar la amplitud del vibrato, haciéndolo unas veces más marcado y otras más suave, o ir variando progresivamente la velocidad, empezando lento y acabando rápido y viceversa, pero siempre manteniendo el control.

> ➤ **Consejo:** puedes hacer los ejercicios del 16 al 20 de este capítulo con vibrato o, mejor aún, alternando repeticiones con y sin vibrato, para comprobar que eres tú quien lo controla en todo momento.

Así como los ojos están formados para la astronomía, los oídos lo están para percibir los movimientos de la armonía.

Platón (427-347 a.C.)

5

LA ARTICULACIÓN

La articulación se puede definir como las diferentes maneras en las que se pueden pronunciar las notas dentro de una frase, no se limita a que las notas estén o no ligadas entre sí. Así como el lenguaje hablado tiene sus propios acentos y pausas entre las palabras, en un instrumento la articulación es la responsable de que se distingan *palabras* y *sílabas* dentro de una frase musical.

Hay multitud de articulaciones posibles, pero todas ellas se obtienen combinando únicamente tres elementos:

▶ Cómo se **inicia** la nota, o articulación propiamente dicha.

▶ Cómo se **mantiene** el sonido a lo largo de toda su duración.

▶ Cómo se **corta**, lo que se podría denominar *articulación posterior.*

El primero de estos factores es el más evidente. En los instrumentos de viento las notas se dividen en dos tipos: ligadas y picadas. Cuando se ligan las notas, el envío de aire no se interrumpe entre ellas y las une dándoles una misma dirección. Al picar las notas se utiliza la lengua para pronunciarlas de forma individual, pero igualmente sin perder el sentido de la frase.

No obstante, esta explicación es muy simplista y no se corresponde con las múltiples posibilidades de pronunciación de una nota picada. No es lo mismo una nota con un picado muy marcado que un conjunto de notas en picado-ligado, y no es el mismo tipo de *staccato* el que se precisa tocando Mozart o en una obra barroca o una del siglo xx.

La nota que inicia la frase también puede ser soplada sin utilizar lengua, para que el ataque sea muy sutil, pero no es aconsejable como técnica habitual porque se pierde precisión.

En otras ocasiones también se puede empezar a dejar salir el aire antes de pronunciar la nota, utilizando la lengua un instante después para que al contactar con la caña o la boquilla concentre el aire y produzca el sonido. Al igual que la técnica anterior, debe utilizarse con prudencia.

El segundo elemento de la articulación es muy importante para la coherencia de la frase. Una nota puede mantener la intensidad del sonido sin variación durante todo su valor, o puede ir sutilmente creciendo o disminuyendo para unirse a las siguientes y seguir la dirección de la frase, o también puede decaer después del impulso del ataque produciendo un acento. La clave de un buen fraseo, aun cuando las notas estén articuladas, está en el control de la columna de aire y de la continuidad del sonido. Las notas de una frase pueden estar ligadas, picadas o acentuadas, o combinarse notas de uno u otro tipo, sin que por ello la frase pierda continuidad.

El tercer factor que interviene en la articulación es a menudo el gran olvidado, y merece ser tenido en cuenta. Por eso, antes de ver de qué maneras se puede pronunciar el principio de una nota se analizará cómo se puede articular su final, de qué formas se puede cortar el sonido y qué recursos expresivos ofrece.

La articulación posterior

Se suele prestar mucha atención al tipo ataque de cada nota y también a su continuidad dentro de la frase, pero a menudo no se reflexiona lo suficiente acerca de cuál sería el modo más conveniente de cortarla, si lo mejor es un corte seco o sería más interesante dejarla un poco en suspenso, o si el corte debe ser sutil para no cortar el discurrir del fraseo o es mejor un efecto más dramático, o si sería preferible dejarle un poco de resonancia que la relacione con las demás.

Aunque existan puntos intermedios entre ellas, se pueden diferenciar cuatro formas de cortar una nota:

▶ **Manteniendo el sonido en toda su duración.** Como si se cantara «Tooo-Teee-Tiii». El envío de aire se mantiene invariable y únicamente la lengua lo corta suavemente por un instante para articular la siguiente nota y separarla de la anterior:

▶ **Cortando el sonido con la lengua.** La nota se corta en seco volviendo a tapar la salida del aire con la lengua, como al cantar «Tot -Tet- Tit ». Queda un silencio muy marcado entre las notas. Debe utilizarse con precaución, evitando siempre que la lengua quede rígida después de cortar la nota:

▶ **Cortando el aire.** Después del ataque se baja el envío de aire hasta un nivel en que la nota ya no suena, pero al no ser un corte seco da la sensación de quedar una resonancia en cada nota que une a todas dentro de la frase.

La nota siguiente se articula con una «T» o «D» más o menos marcadas, como al cantar «Toh -Teh -Tih» o «Doh -Deh -Dih».

▶ **Manteniendo la resonancia después de un acento.** Una vez atacada la nota con un apoyo súbito en el diafragma se vuelve a la intensidad sonora del resto de la frase. Es muy parecido a cantar «Tomm-Temm-Timm».

➤ **Consejo:** cuando vayas a respirar piensa cuál es la mejor forma de cortar la nota anterior a esa respiración. A veces es mejor cortarla suavemente para disimular la respiración y otras veces, en cambio, quedará mejor hacerla evidente mediante un corte seco que concentre toda la tensión expresiva de la frase y la descargue en la nota siguiente.

El ligado

El ligado se produce cuando se tocan varias notas seguidas sobre un envío ininterrumpido de aire, exactamente igual que un instrumentista de cuerda lo hace sobre el movimiento de su arco. Los dedos van accionando el mecanismo correspondiente a la digitación de cada nota y la columna de aire proporciona el apoyo necesario para mantener el fraseo. Al tocar un pasaje ligado se debe vigilar que no cambien involuntariamente la intensidad o el color de las notas debido a diferencias en la digitación o a cambios de tesitura. Para asegurar un correcto paso entre las notas es conveniente trabajar ejercicios de fluidez con intervalos a distintas velocidades, como el nº 21 del capítulo 4.

EJERCICIO 27. Ligado de intervalos

Hay que cuidar de que no se golpeen involuntariamente algunas notas, sobre todo cuando se da un movimiento simultáneo de varios dedos. Este efecto puede agravarse si la nota, además, está en una parte fuerte del compás o si coincide con una nota más sonora del instrumento. Si se repite muchas veces de esta manera, se va asentando una pronunciación incorrecta de las notas y se corta el discurrir natural de la frase.

Los principiantes deben prestar especial atención a no golpear cada nota al pronunciarla. Es útil volver al ejemplo del instrumentista de cuerda que mantiene constante el movimiento del arco mientras la mano izquierda va cambiando de notas. Un buen ejercicio para conseguir un ligado homogéneo es el siguiente:

EJERCICIO 28. Ligado subdividido y a contratiempo

Toquemos una frase como ésta:

Puede que observemos cierta tendencia a acentuar cada nota porque todas ellas están sobre los pulsos del compás, y así vayamos rompiendo la dirección natural de la frase. En tal caso, como ejercicio, podemos desdoblar cada nota de forma que la segunda mitad de la misma vaya buscando la nota siguiente. Podemos hacerlo con una articulación muy poco pronunciada o ligando las notas, pero siempre pensando en la dirección de todas ellas, sobre todo la de cada segunda nota de las repetidas, que es la que nos debe conducir suavemente hacia adelante.

También podemos tocar la misma frase desplazando las notas media parte, de forma que esa posible acentuación involuntaria no coincida con los pulsos:

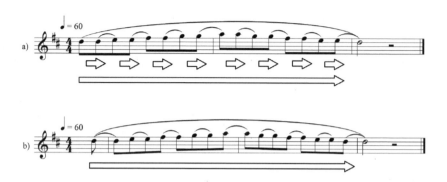

Al tocar esta frase de dos maneras distintas e ir alternando los puntos de apoyo conseguiremos un paso de notas más suave y un ligado más homogéneo.

> ➤ **Consejo:** cuando toques un pasaje ligado, sea cual sea su velocidad, vigila que tus dedos se muevan con ligereza y pulsen las llaves del instrumento sin hacer ruido, sobre todo si se mueven varios a la vez. De esta forma evitarás golpes involuntarios en el fraseo.

EJERCICIO 29. Ligado en series de escalas

Con este ejercicio trabajaremos la continuidad del ligado y de la dirección de la frase según ésta suba o baje. Pensar en una dirección concreta, ya sea ascendente o descendente, que integre todas las notas, y no en cada nota individualmente nos ayudará a evitar acentos indeseados.

Podemos repetir este ejercicio invirtiendo el sentido de los reguladores y empezando en diferentes partes del compás, para ir cambiando los apoyos y la dirección de la frase.

El picado

Una nota picada se produce al retirar la lengua de la caña o de los labios: cuando se apoya en ellos corta el paso del aire enviado por los pulmones y al retirarse lo libera y se produce el sonido. Puede ser al inicio del pasaje o entre notas intermedias. En este último caso la lengua interrumpe por un instante el envío de aire en cada nota sin afectar a su dirección. En principio, el aire se mantiene igual en una frase ligada y en una picada, con las salvedades que se explicarán más adelante.

Hay una cuestión que no siempre se tiene en cuenta al trabajar la articulación, aunque parezca evidente: la lengua se utiliza para tocar notas en picado, pero no es la que produce el sonido. La base de un buen picado está en un buen apoyo y estabilidad de la columna de aire, la única función de la lengua es cortarlo de la manera deseada en el momento de pronunciar una determinada nota. Aunque sea obvio, muchos estudiantes tienden a centrar su atención en la lengua cuando trabajan el picado, cuando lo más importante es el aire. Si la columna de aire no está bien formada o no es estable, el movimiento de la lengua será menos ágil y más impreciso, y poco a poco se irá perdiendo velocidad y aumentando la tensión.

> ➤ **Importante:** recuerda siempre que no es la lengua la que hace sonar la nota, sino el aire.

Quizá parte del problema resida en la terminología empleada. Es interesante comparar cómo se refieren a una nota picada en diferentes idiomas:

- Castellano: *picada*, *atacada*, *golpe de lengua*.
- Francés: *détachée*, *coup de langue* (destacada, despegada, golpe de lengua).
- Italiano: *staccatta* (destacada).
- Inglés: *tongued* (con lengua).

El castellano, con un término como *atacar*, parece sugerir cierta violencia al emitir la nota, o evoca algo afilado refiriéndose a ello como *picar*. Por otro lado, en francés e italiano se sugiere separación o diferenciación. Pero, como se verá a continuación, una nota picada no tiene porqué ser siempre punzante o estar separada de las demás.

Quizá la descripción más correcta y a la vez la más simple sea la del ingles: *tonged* (con lengua). Es una definición que describe perfectamente el mecanismo del picado sin ir más allá: al picar se usa la lengua, pero esta utilización puede ser muy diferente. Además, las notas pueden estar separadas o unidas, la pronunciación puede ser dura o sutil, la intensidad del sonido puede variar, etc.

Hecha esta reflexión, en este capítulo emplearemos la nomenclatura habitual para evitar malentendidos.

> ➤ **Consejo:** si quieres que te salga bien un pasaje con mucho picado, tócalo más veces todo ligado que picado. Sentirás mejor cómo el envío de aire asegura las notas y el trabajo de la lengua será mucho más sencillo.

Al hablar de picado se suelen distinguir dos tipos, cada uno de ellos provocado por una diferente colocación de la lengua, similar a la manera en que ésta toca los dientes al pronunciar las consonantes «T» y «D»:

▶ Picado de «T»: se produce al colocar la lengua frontalmente sobre la caña, la boquilla o la embocadura, según el instrumento. Al retirarse y dejar pasar el aire produce un ataque bien definido, que puede llegar a ser duro si no se presta la debida atención.

▶ Picado de «D»: se obtiene al rozar la caña o la boquilla con la lengua por debajo. En este caso se obtiene un picado más suave, indicado para momentos delicados.

Estos dos tipos de picado admiten infinitos puntos intermedios, que proporcionan al intérprete variedad de pronunciaciones para encontrar la articulación más adecuada según el fraseo: puede ser una «T» muy marcada, con un movimiento seco de la lengua, o también hacerse con un ligero apoyo sobre la caña para únicamente definir cada nota. Por su parte, la «D» puede ser muy nítida o tener una pronunciación diluida que apenas separe las notas. En los ejercicios que se proponen más adelante se trabajarán estas dos pronunciaciones principales tanto de forma diferenciada como en combinaciones de ambas.

Existe un tercer tipo de pronunciación del picado, de «K», que se utiliza en el doble picado. Se produce al cerrar el paso del aire con la parte posterior de la lengua, como en uno de los experimentos del capítulo 3. Puede suavizarse pensando en una «G».

> **Consejo:** si tienes dificultades para tocar directamente un pasaje picado, empieza tocando la primera nota muy larga, unida al pasaje, hasta que notes que el envío de aire, y con él el sonido, son estables. A continuación, ve picando las últimas notas del pasaje y, poco a poco, el resto. Procura mantener siempre la dirección de la frase y la sensación de que el aire fluye con libertad y la lengua se limita a pronunciar las notas.

Hay momentos en los que aprendemos mucho más que en años enteros.

Fiódor Dostoyevsky (1821-1881)

EJERCICIO 30. Diferenciación de los tipos de picado

En este ejercicio trabajaremos separadamente el picado de «T» y el de «D» hasta comprender perfectamente qué movimientos hacemos y cuál es la colocación de la lengua en cada uno.

Empezaremos con una nota larga, en la que buscaremos sentir que el aire fluye y el sonido sale sin esfuerzo. A continuación dividiremos la nota en otras más breves siguiendo un ritmo regular. Empezaremos con un picado de «T», comprobando que la lengua toca frontalmente la boquilla o la caña, o los labios en el caso de la flauta. Procuraremos que las notas queden definidas pero no separadas, para facilitar la continuidad del envío de aire.

También podemos alternar notas más o menos largas, teniendo en cuenta que la pronunciación es independiente de la duración de la nota:

Volveremos a repetir el ejercicio anterior, pero en este caso pronunciando claramente una «D» en cada nota. Deberemos sentir cómo la lengua corta el aire más suavemente.

EJERCICIO 31. Combinaciones de picados

En este ejercicio combinaremos los dos tipos de picado, de «T» y de «D», procurando que en cada momento sea perfectamente identificable cual de los dos estamos haciendo. Empezaremos lentamente sobre una única nota e iremos incrementando la velocidad y combinando distintas notas con picados diferentes, individualmente o por grupos de notas repetidas. También podemos alternar notas más largas y más cortas.

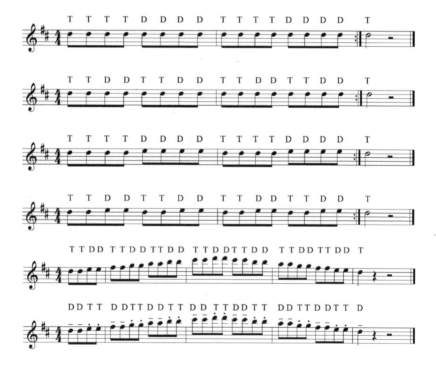

EJERCICIO 32. Agilidad del picado

El objetivo de este ejercicio es conseguir que la lengua se mueva de forma fluida en una serie corta de notas rápidas, lo que nos facilitará una velocidad y agilidad del picado que luego utilizaremos en pasajes más largos. Podemos hacerlo con picado de «D», aunque con el de «T» será más sencillo y es el que probablemente más necesitaremos en diseños similares del repertorio.

Tenemos que prestar mucha atención a que la dirección del aire se mantenga, lanzando las notas rápidas, y con ellas la lengua, hacia la siguiente nota larga, que servirá de recuperación.

EJERCICIO 33. Regularidad del picado

En este ejercicio trabajaremos el picado con un ritmo uniforme sobre una misma nota o una serie de notas repetidas. El objetivo es conseguir que la lengua sea capaz de mantener una misma pronunciación durante un espacio de tiempo cada vez más prolongado. Podemos hacerlo con picado de «T» o de «D», indistintamente. En ambos casos tendremos cuidado de que la dirección del aire se mantenga constante para facilitar el trabajo de la lengua.

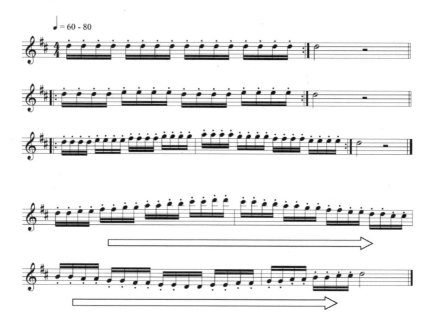

EJERCICIO 34. Resistencia en picado

Una vez conseguida una buena regularidad en el picado podemos ir aumentando nuestra resistencia con ejercicios similares al que hicimos para mejorar la resistencia en el control del sonido (ejercicio 22 del capítulo 4), pero en este caso repitiendo cada nota un cierto número de veces. El ejercicio termina cuando el picado no se puede mantener con nitidez o se empieza a percibir más tensión de la deseada. Al tratarse de un ejercicio bastante fatigoso, y al igual que el otro mencionado, no es conveniente realizarlo más de un par de veces al día, y su duración debe alargarse muy progresivamente.

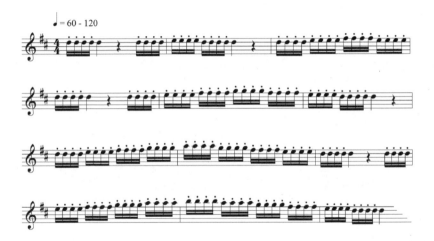

EJERCICIO 35. Sincronización del picado y los dedos

Con este ejercicio trabajaremos la coordinación del picado con el movimiento de dedos. Empezaremos repitiendo cada nota varias veces, y continuaremos el ejercicio progresivamente con menos repeticiones hasta llegar a la escala simple.

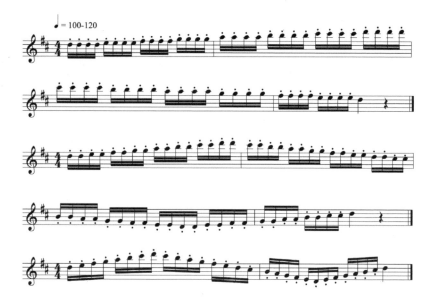

> ➤ **Consejo:** vigila siempre el grado de velocidad en todos estos ejercicios. Tienes que poder sentir que la lengua se mueve con facilidad y sin tensiones.

El doble picado

El doble picado se utiliza en pasajes rápidos de notas seguidas picadas. Consiste en cortar el flujo del aire alternativamente con la punta de la lengua sobre la caña o los labios y con la parte intermedia-trasera de la lengua sobre el paladar, como al pronunciar «T K T K T K T K T». En la práctica, utilizar como referencia dos consonante duras como «T» y «K» puede dar como resultado un doble picado algo duro e impedir un movimiento fluido de la lengua, por eso se suele recomendar un gesto más suave, parecido a la pronunciación «D G D G D G D G D». En cualquier caso, las dos consonantes utilizadas deben producir un articulación lo más homogénea posible.

El doble picado es muy habitual en los instrumentos de viento metal y en la flauta, y no tanto en el oboe, clarinete, fagot y saxofón, aunque también se puede utilizar. El motivo es que el picado simple de estos últimos es más ágil que el de la flauta al tocar la lengua la caña directamente y suele ser suficiente para tocar la mayor parte del repertorio. Además, el mayor caudal de aire que necesita la flauta facilita el movimiento de la lengua y la realización del doble picado.

☐ **Experimento:**

• Canta «Tuuu – Kuuu – Tuuu – Kuuu – Tuuu – Kuuu – Tuuu – Kuuu – Tuuu» sobre una misma nota y manteniendo un ritmo regular. Observa cómo se mueve la lengua para cortar el aire.

• Ahora canta «Duuu – Guuu – Duuu – Guuu – Duuu – Guuu – Duuu – Guuu – Duuu» y compáralo con lo anterior.

• Vuelve a cantarlas, pero esta vez sin usar las cuerdas vocales. Que no suene tu voz. Se debe oír solo el aire que sale y la articulación

• Repite las dos pronunciaciones poco a poco a más velocidad.

El doble picado se puede trabajar con ejercicios similares a los n° 32, 33, 34 y 35 de este capítulo, alternando la pronunciación de cada nota. Es mejor empezar el ejercicio en la tesitura en la que la obtención del doble picado nos resulte más sencilla con nuestro instrumento, normalmente el registro agudo, y poco a poco ir abarcando toda su extensión.

El triple picado

El triple picado se utiliza en ritmos de tres notas. Se hace igual que el doble, pero con la secuencia de la pronunciación «T K T T K T T K T T K T».

> ➢ **Consejo:** cuando cantes para imitar la pronunciación que vas a hacer con tu instrumento, utiliza además de la consonante correspondiente la vocal «U», o mejor la «U» francesa, porque la colocación de los músculos de la cara es la más parecida a la que utilizarás para formar la embocadura.

EJERCICIO 36. Doble picado con ritmos sobre una nota

En este ejercicio este ejercicio trataremos de encontrar la pronunciación de cada consonante, procurando que el picado resulte homogéneo. Es similar al n° 32, y al igual que en éste, tendremos mucho cuidado de mantener constante el flujo del aire y la dirección de éste hacia la siguiente nota larga.

EJERCICIO 37. Doble picado sobre notas repetidas

En este ejercicio se busca la regularidad en el ritmo y en la pronunciación de las dos consonantes. Es habitual que la «K» suene un poco menos precisa que la «T», o la «G» que la «D», efecto que puede verse agravado por el hecho de que la «T» suele corresponder con la primera nota, y ésta con el pulso fuerte. Si observamos esta desigualdad, podemos repetir el mismo ejercicio pero invirtiendo el orden de las consonantes:

EJERCICIO 38. Doble picado sincronizado con el movimiento de los dedos

En ocasiones resulta difícil hacer coincidir exactamente la articulación, especialmente la más débil de las dos, con el movimiento de los dedos. Empezaremos con varias repeticiones de cada nota, hasta automatizar la pronunciación e iremos disminuyendo el número de repeticiones.

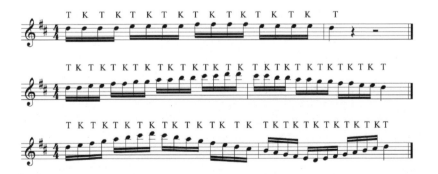

> ➤ **Consejo:** al hacer cualquier ejercicio de articulación ten en cuenta que no todas las notas son igual de fáciles de picar, ni todos los instrumentos tienen la misma agilidad. Generalmente las notas de los registros medio y agudo resultan más fáciles que las graves. Empieza los ejercicios en estos registros y ve ampliando progresivamente la extensión.

La acentuación

Una nota puede ser acentuada, independientemente de si está picada o no. El acento es un aumento súbito de la intensidad del sonido en el momento de emitir la nota y es producido por un aumento repentino, controlado y breve del apoyo sobre el diafragma. Este movimiento es fácil de comprender si se sopla de forma constante y se va incrementando poco a poco la cantidad de aire, como en el ejercicio 7 del capítulo 3, o el 24 del capítulo 4. Si se hace correctamente, se observará que se va notando cada vez más la presión sobre la cintura. Ese aumento del apoyo se puede hacer cada vez más concentrado, cuidando de que siga siendo siempre el mismo movimiento, hasta que se convierta en una serie de impulsos. Es el mismo gesto que se utiliza para hacer el vibrato de diafragma, aunque más marcado.

Si al pronunciar la nota únicamente se aumentase la cantidad de aire, se conseguiría un aumento del volumen, pero al tener por un momento más aire en la embocadura, éste se comprimiría, haciendo que la afinación subiera. Por este motivo es necesario corregir abriendo la embocadura en ese momento para nivelar la cantidad de aire y su presión y conseguir que la nota se mantenga afinada (ejercicios 15 y 17 del capítulo 4). La dificultad radica en conseguir la corrección justa para no perder ni la afinación ni la calidad del sonido, y además hacerlo de forma ágil para poder tocar un pasaje continuo de notas acentuadas. Como con el resto de aspectos técnicos trabajados en este libro, es la práctica reflexiva, frecuente y regular la que permitirá dominar este mecanismo de forma automática.

El hecho de que una nota esté acentuada no implica necesariamente dureza. Puede ser un simple impulso dentro de la frase y se puede hacer perfectamente tanto con picado de «T» como de «D» o incluso en ligado. Es importante recordar que toda articulación debe estar siempre supeditada al fraseo.

EJERCICIO 39. Acentos

Empezamos el ejercicio con una nota tenida, manteniendo en todo momento su altura e intensidad. A continuación daremos al aire una serie de impulsos con un ritmo regular, pero sin utilizar la lengua para separar las notas. Procuraremos que los golpes de aire sean bien definidos, vigilando que no cambien ni la afinación ni el color de la nota. Para eso haremos las oportunas correcciones abriendo por un instante la embocadura en el momento justo del acento, de esta forma equilibraremos la abertura y la cantidad de aire para que la presión se mantenga constante. Al volver cada vez al piano tendremos cuidado de no bajar más allá del límite que mantiene estable el sonido de la nota, para que ésta no se corte.

El siguiente paso será sincronizar cada impulso con un ligero toque de la lengua para definir la nota. El ataque puede ser de «T» o de «D», indistintamente. Por último, repetiremos el ejercicio cambiando de notas.

Repetiremos este ejercicio con ritmos diferentes, pero sin exceder una velocidad que nos permita sentir claramente cada acento.

Combinaciones de articulaciones diferentes

La mejor manera de automatizar la articulación es mediante un trabajo de escalas regular y constante. Se pueden utilizar los ejercicios del capítulo 6 o los de cualquier libro de escalas y arpegios escrito expresamente para el propio instrumento, a los que se irán aplicando las diversas articulaciones.

Las posibilidades de combinación de notas ligas y picadas son múltiples y cada cual puede utilizar las que su imaginación le sugiera. Aquí se mencionan, a modo de ejemplo, las más habituales:

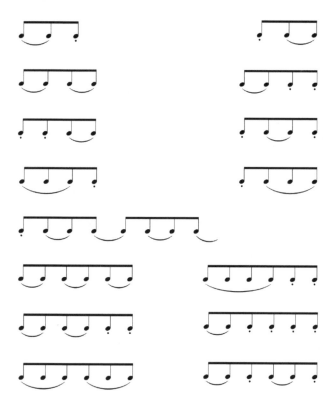

Es interesante trabajar la articulación combinándola con diferentes ritmos, para ello se puede estudiar cualquier ejercicio del capítulo 6 con las articulaciones anteriores.

La articulación y el fraseo

La articulación no debe influir de forma involuntaria en la dirección del fraseo. Independientemente de si las notas son ligadas o picadas o si llevan acentos, el paso de una a otra debe seguir siempre la línea melódica. Es conveniente trabajar los pasajes articulados también en ligado, para comprobar que se consigue transmitir con facilidad el sentido de la frase y dónde están sus puntos de interés. Esa dirección debe mantenerse invariable al incorporar la articulación.

Al empezar con el instrumento es frecuente golpear cada nota al tiempo que se articula. Debe evitarse, y aprender cuanto antes a independizar el movimiento de la lengua del del aire o los dedos.

En los siguientes ejemplos se analizará cómo debe comportarse el sonido en cada nota para dar unidad a una misma frase con distintas articulaciones. El gráfico de debajo de cada frase describe el incremento de intensidad que conduce desde la primera nota hasta la superior, y cómo éste es independiente de la pronunciación de las mismas:

▶ En una frase ligada cada nota crece ligeramente para llegar a la siguiente, que a su vez continúa creciendo hasta alcanzar de manera uniforme la última nota de la frase, que mantiene el sonido.

▶ Al tocar la misma frase en picado cada nota queda separada de la anterior y de la siguiente, pero sin dejar de mantener el sentido ascendente de la frase. Si se observa cada una independientemente se aprecia cómo no decae después del ataque:

▶ En staccato cada nota, aunque sea más corta, también tiene la intensidad que le corresponde según su lugar en la frase:

▶ Si las notas picadas se articulan con una «D» la separación es menor:

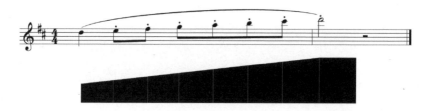

▶ Las notas acentuadas también deben mantener la dirección de la frase. Aunque al principio de cada una haya un impulso, éste aumentará de forma proporcional en cada nota sucesiva, haciendo que la frase no pierda continuidad.

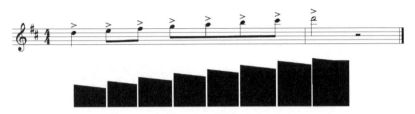

▶ Si no se desea que el acento sea muy marcado, por ejemplo en un movimiento lento y expresivo, es preferible que el golpe de aire llegue un instante después del retirar la lengua, y pronunciarlo con un picado de «D», aunque teniendo cuidado de no hinchar las notas.

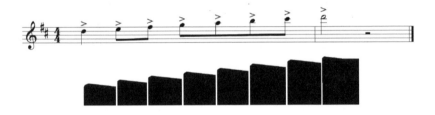

En ambos casos, el límite inferior de sonido de cada nota es el que tendría si no hubiera estado acentuada. De lo contrario, las notas perderían la sensación de continuidad y no se integrarían en la frase.

> **Consejo:** piensa en la articulación como si realmente es-
tuvieras cantando las notas con la voz, cada una con su pronunciación correspondiente, hasta formar un texto.

Una vez trabajados los ejercicios y dominada la técnica
conseguirás articularlas con tu instrumento de forma automática y sin esfuerzo, como cuando hablas. Esto te servirá de
ayuda cuando tengas que leer a primera vista.

tem ti ta to a ti to   tem   do di da to ta ti   te ------

La inteligencia consiste no sólo en el conocimiento, sino
también en la destreza de aplicar los conocimientos en la
práctica.

Aristóteles (284a.C.-322a.C.)

6

MECANISMO Y DIGITACIÓN

Un poco de historia

La flauta, el oboe, el clarinete o el fagot actuales poco tienen que ver en su aspecto exterior con los instrumentos a partir de los cuales fueron evolucionando. Todos los instrumentos de la familia a excepción del saxofón, que fue inventado en el siglo XIX con una configuración prácticamente idéntica a la actual, provienen de los instrumentos utilizados en los siglos XVII y XVIII, que estaban prácticamente desprovistos de llaves. Estos instrumentos tenían varios inconve-

nientes: la digitación con la que se producía una misma nota podía variar dependiendo del constructor, las posiciones de los dedos eran complicadas, había muchos movimientos cruzados de los dedos, los semitonos debían obtenerse mediante agujeros tapados a medias, y otras notas tenían un sonido deficiente o sencillamente no eran posibles. Además, estaban desprovistos de llaves de octava o portavoces, por lo que la obtención segura de las notas agudas dependía exclusivamente del control de la emisión por parte del instrumentista.

La historia de la fabricación de estos instrumentos es una constante evolución en busca de facilitar el trabajo del intérprete, mejorar la afinación del instrumento y desarrollar sus posibilidades sonoras y de registro.

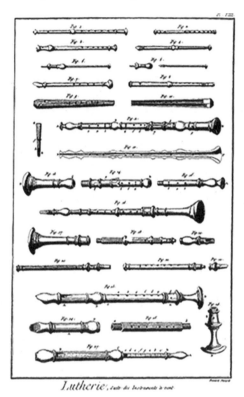

Lámina de L'Encycopedie (1751-1772) de Diderot y D´Alembert en la que se describen el oboe, el clarinete y la flauta de pico.

Durante el siglo XVIII los fabricantes fueron paulatinamente añadiendo llaves a los instrumentos. Cada nueva llave servía para tapar un agujero que sería imposible de alcanzar con el dedo, o permitía combinaciones de dedos que hacían más ágil la digitación, aunque también en ocasiones se añadía únicamente para mejorar el color o la afinación de una determinada nota. De todas formas, la introducción de nuevas llaves aún era admitida con reservas por los instrumentistas, puesto que temían que si no estaban fabricadas a la perfección no taparían el agujero convenientemente, y su utilidad no compensaba los riesgos.

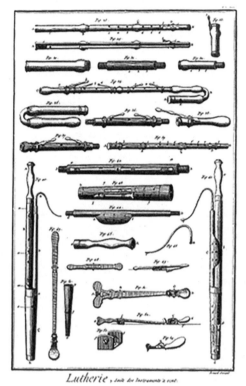

Fagotes y flautas en *L'Éncyclopédie*.

El siglo xix fue el de la mecanización de los instrumentos, y en el que se emprendieron las primeras investigaciones acústicas sobre una base científica, en cierta medida obligados por el aumento de las dimensiones de la orquesta, que requería instrumentos con sonido más potente, y por los requerimientos de los nuevos compositores.

En 1827 Theobald Boehm presentó una flauta de construcción totalmente novedosa: dividió el cuerpo de la flauta según los datos obtenidos en sus estudios sobre acústica y practicó los agujeros correspondientes. A continuación, diseñó un sistema de llaves que proporcionara unas digitaciones practicables. Este sistema estaba basado en unos ejes longitudinales en los que estaban engarzadas las llaves y sobre los que éstas rotaban, en lugar de las llaves independientes de palanca utilizadas hasta entonces. Este sistema de ejes fue posteriormente adaptado al oboe y al clarinete por Buffet y Klosé con algunas diferencias debidas a las características propias de cada instrumento.

La mejora en su construcción facilitó mucho la digitación en estos instrumentos, mejorando la agilidad y precisión de los movimientos y los saltos en prácticamente cualquier intervalo, haciendo además posible la consecución de notas hasta entonces muy difíciles.

Con la evolución que continuó durante todo el siglo xix, durante el cual aparecieron nuevos instrumentos de los que prácticamente solo perdura el saxofón, los instrumentos de la familia alcanzaron su forma definitiva. Poco han variado en los últimos cien años: se emplean otras maderas y materiales sintéticos en la fabricación del cuerpo del instrumento y cada cierto tiempo se presentan novedades menores en el mecanismo, pero en lo fundamental siguen siendo los mismos que en 1900.

Un instrumento de llaves tiene ciertas diferencias con respecto a uno desprovisto de ellas:

▷ El instrumentista ya no siente el tacto directo con la madera, pero el cambio de nota natural y suave de un instrumento barroco debe ser conseguido de igual manera y con la misma suavidad en un instrumento de llaves, independientemente de cuantas se estén moviendo al mismo tiempo. Si el gesto es brusco se producirán ruidos indeseados que entorpecerán el fraseo y causarán problemas con el ligado.

▷ Al estar facilitada la pulsación con una llave que a menudo tapa todo el agujero, no es imprescindible que el dedo esté bien centrado, lo que puede hacer que el alumno se confíe, pulse la llave lateralmente y adquiera malos hábitos que a la larga le pueden acarrear problemas que deberá resolver. Por este motivo muchos profesores de flauta desaconsejan a los principiantes el uso de tapones en los platos del instrumento o, si el alumno es muy pequeño y se hacen imprescindibles, recomiendan retirarlos en cuanto sea posible. En todo momento se deberá prestar atención a que la pulsación sea correcta, con el dedo bien centrado en la llave y relajado tras haberla accionado, dejando que su propio peso lo mantenga sobre ella.

La creatividad es la inteligencia pasándolo bien.

Albert Einstein (1879-1955)

La pulsación y el movimiento de los dedos

La pulsación tiene que ser firme pero fluida, y con el peso justo para mover el mecanismo de la llave. El dedo debe moverse desde la mano tal y como lo haría el de un pianista, con precisión y soltura. Una vez que la llave está pulsada y el agujero tapado, el dedo debe permanecer en su sitio pero sin ejercer más presión de la necesaria, relajado y preparado para el siguiente movimiento.

Es muy importante que el estudiante consiga notar esta sensación en el tacto, pero esto presenta algunas dificultades:

▶ No todas las llaves son iguales: unas son un simple aro que tapa directamente el agujero, otras mueven una palanca de varios centímetros y otras son aún más pesadas porque a su vez mueven otras llaves que conducen hasta el otro extremo del instrumento. Con el estudio se debe conseguir que la pulsación sea prácticamente igual de fluida sea cual sea la llave a mover.

▶ No todos los dedos tienen la misma fuerza y agilidad, y debe conseguirse una pulsación igual de firme con todos ellos.

▶ A veces se mueve un solo dedo, pero otras lo hacen varios a la vez, o uno baja al mismo tiempo que otro sube, lo que se llama movimiento cruzado. También puede ser necesario combinar movimientos de los dedos de las dos manos. En todos estos casos es imprescindible una buena coordinación de los dedos.

Estos inconvenientes se pueden afrontar con un estudio sistemático de la digitación, buscando siempre la máxima flexibilidad y relajación.

El instrumento

Antes de acometer el estudio del mecanismo es necesario saber con qué material se puede contar, teniendo en cuenta dos factores:

▷ **Calidad del instrumento.** Es muy importante que el instrumento sea de una calidad acorde con el nivel del estudiante. No es inhabitual ver a alumnos de iniciación con viejos instrumentos que a duras penas se pueden hacer sonar. Es mejor invertir un poco más en un instrumento que facilite estos primeros años de aprendizaje, en los que se asientan las bases de la evolución posterior y donde muchas vocaciones pueden verse frustradas por una mala elección del instrumento.

▷ **Mantenimiento.** Si el instrumento no está bien ajustado las notas graves serán muy difíciles de obtener, y el trabajo se volverá agotador y frustrante. Un profesional debe ser responsable del mantenimiento de su instrumento. Seguramente tendrá su luthier de confianza y su instrumento recién revisado y nivelado, pero es importante que tenga unas nociones básicas de mecánica que le puedan sacar de un apuro. Muchos problemas que prácticamente inutilizan el instrumento justo ante de un concierto son debidos a pequeños fallos que se arreglan en segundos, como un tornillo mal ajustado. Pero hay que saber detectar qué tornillo es y cómo ajustarlo.

➤ **Consejo:** intenta hacer siempre el menor ruido posible con las llaves para evitar rigidez en los dedos y para que no se estropee el fraseo. Si es necesario, revisa tu instrumento.

Ejercicios para trabajar la digitación

Conviene hacer una reflexión acerca de los ejercicios que a veces se llaman de técnica pero que principalmente trabajan la digitación:

Técnica no es sólo el movimiento de los dedos, es también todo lo trabajado en los capítulos precedentes: respiración, control de la columna de aire, embocadura, emisión, etc.

Hubo una época años atrás en la que aparentemente se valoraba sobre todo la destreza y virtuosismo del instrumentista, acumulando cada vez más dificultad y velocidad en los ejercicios y estudios. Afortunadamente hoy en día se da más valor a los aspectos artísticos. Es cierto que hay una etapa en la vida del estudiante en la que debe acumular una importante carga de trabajo para adquirir habilidad y que las dificultades que le aparezcan en su futura vida profesional le resulten cómodamente abordables, pero este trabajo debe ser razonable: los estudios y ejercicios no son el fin último del músico, sino la forma de conseguir un control suficiente de su instrumento para poder concentrarse en el fraseo que en cada momento quiere transmitir a su público. Una vez superada la etapa de aprendizaje, el profesional rara vez necesitará realmente la colección de los estudios más difíciles de su instrumento. Generalmente le bastará con otros de un nivel mecánico un poco por debajo del límite, que probablemente estarán más cerca de sus necesidades reales.

> La competición es para los caballos, no para los artistas.
>
> *Bela Bartok.*

Los instrumentos de viento madera tienen grados de agilidad muy diferentes. No es comparable la velocidad que se puede conseguir con la flauta o el saxofón que la que es posible con el oboe o el fagot. En ello intervienen factores como la propia fabricación del instrumento o el diferente tipo de emisión. Puede ser frustrante, por ejemplo, para alumnos de oboe de final de grado elemental o principios de grado profesional comparar los estudios que están tocando con los de sus compañeros de saxofón. Ambos instrumentos comparten varios libros de estudios, pero puede haber hasta dos cursos de diferencia en cuanto al momento en que se utilizan normalmente. El profesor debe explicar esta diferencia a sus alumnos, y mostrarles las otras virtudes que tiene su instrumento, más allá del

virtuosismo y la velocidad, para que sigan manteniendo su ilusión.

Al elegir un determinado tipo de ejercicio y establecer el nivel de exigencia es necesario tener en cuenta dos factores:

> El nivel real del estudiante y sus necesidades, no únicamente el curso en que está inscrito. Este punto es especialmente importante si, como se ha propuesto en el capítulo 2, se desea establecer una planificación personalizada que ayude a cada persona a evolucionar en su aprendizaje de forma eficaz. No todos los ejercicios son oportunos en todos los casos y en todo momento.

> Las características y limitaciones propias del instrumento.

Por otro lado, para sacar el máximo partido a cada ejercicio se ha de tener en cuenta la adecuación de otros dos aspectos:

> La velocidad.

> La extensión o registro en que se va a realizar.

Es muy difícil conseguir la misma velocidad en toda la extensión del instrumento, y quizá no sea realmente necesario. Hay un ámbito donde éste se desenvuelve normalmente en el cual sí se deberá conseguir la máxima agilidad y rapidez, pero en otros registros, como por ejemplo el sobreagudo, se haría extenuante y poco provechoso pretender la misma velocidad, simplemente porque las posiciones son mucho más difíciles. Una buena idea es realizar el ejercicio elegido en el registro habitual del instrumento a la máxima velocidad a la que se es capaz en condiciones de confort, y trabajar aparte el registro extremo un poco más lentamente, porque en pocas ocasiones se requerirá tanta velocidad, y de ser así probablemente se podrá recurrir a posiciones alternativas que faciliten el pasaje. Insistir en un trabajo inadecuado puede provocar problemas de tensión muscular y de frustración al no conseguir un objetivo que, probablemente, era inalcanzable y poco útil.

> **Consejo:** no desaproveches un buen ejercicio tocándolo en la máxima extensión de tu instrumento a una velocidad más lenta porque si no las notas agudas no te saldrían, o tocándolo entero muy rápido aunque esas notas salgan mal.
> Es mejor que lo dividas en partes y trabajes específicamente cada registro a una velocidad adecuada.

Una vez decidida la velocidad y extensión en que se va a hacer, es necesario mantener la misma velocidad en todo el ejercicio. Para ello, la ayuda del metrónomo resulta indispensable.

El nivel de dificultad, velocidad y exigencia siempre deben ser adecuados a las necesidad del instrumentista según su edad, nivel, y aptitudes. Quizá un poco más allá de lo que exige el repertorio que se está tocando, pero no mucho más, porque los problemas que pueden provocarse serían más graves que el provecho que se pretende obtener. En resumen, la habilidad con el mecanismo del instrumento debe estar un poco por encima de lo que exige el repertorio, para que éste resulte cómodo y poder recrearse en la música, pero no convertir el estudio del mecanismo en un alarde de dificultad.

La principal finalidad del trabajo de la digitación es lograr una sensación táctil relajada y automatizada que facilite el pensar en las notas y en el fraseo sin necesidad de pensar en qué dedos se está moviendo, por muy rápida que sea la frase a tocar. La combinación de estudio de detalle en la pulsación de intervalos y el de repetición de series facilitan la adquisición de esta habilidad. Cuando aparezcan pasajes similares en el repertorio será más fácil concentrarse en la idea musical, porque los dedos y toda la técnica se pondrán automáticamente a su servicio.

Cada instrumento dispone de su propio repertorio de ejercicios de mecanismo. Los ejercicios contenidos en la mayoría de ellos y los se proponen a continuación se pueden dividir en dos grandes grupos:

▶ **Ejercicios de repetición** de uno o varios intervalos que buscan sentir bien la pulsación firme pero relajada de cada dedo a la vez que una emisión fluida.

▶ **Series** de notas o escalas que buscan la regularidad entre las notas en pasajes largos.

Cada estudiante puede elegir el libro que más le convenga, y más adelante inventar sus propios ejercicios y hacerlos de memoria, pero la manera más efectiva de trabajar ambos tipos de ejercicios será siempre a base de repeticiones con ritmos diferentes. Al hacer un ritmo siempre habrá una nota más larga que servirá de apoyo para sentir la pulsación y en las otras notas, más rápidas, en las que se encontrará la agilidad.

Sentir ese apoyo ofrece un asidero que proporciona seguridad en los pasajes rápidos. Cuando aparecen los nervios generalmente se tiende a perder el control y a tocar más rápido. Esforzarse en volver a sentir el ritmo, el pulso del compás, dónde está el apoyo de las notas, devuelve la sensación de control.

No hace falta insistir en que para conseguir los resultados deseados el uso del metrónomo es lo más conveniente.

> ➤ **Consejo:** trabaja también con ritmos diferentes cualquier pasaje difícil que encuentres en el repertorio. Si consigues la sensación de apoyo en el ritmo y el compás controlarás mejor la velocidad, y si surge cualquier inconveniente sabrás volver a encontrar la seguridad en el pulso siguiente y continuar.

En la mayoría de los ejercicios de este libro sólo se presenta el inicio de cada uno, porque a partir de ahí basta con seguir una progresión que puede abarcar toda la extensión del instrumento, o solamente el ámbito que se desee estudiar. En algunos casos se ofrece un ejercicio como ejemplo y explicación de lo que se va a trabajar para que cada estudiante lo adapte a su instrumento y lo desarrolle. Dadas las diferentes digitaciones de los instrumentos de la familia se deberá, en caso necesario y tras haber comprendido la finalidad del ejercicio, cambiar las notas que aquí se proponen por otras más adecuadas. En todo caso, lo más importante es entender las características de cada ejercicio, los detalles a los que hay que prestar especial atención, los problemas más habituales que suelen aparecer y la forma de corregirlos. En los casos en que se ha creído necesario se incluye el ejercicio completo.

Se puede trabajar el mecanismo de todos los instrumentos de viento madera siguiendo los ejercicios aquí propuestos, o utilizando cualquiera de los libros de estudios de técnica ya editados específicamente para cada uno de ellos, aplicando a esos estudios la forma de trabajo y los juegos que aquí se describen.

Para sacar el máximo partido a todos los ejercicios y detectar más fácilmente cualquier imperfección es recomendable realizarlos siempre ligados, y prestar mucha atención a la continuidad del envío de aire hasta en las notas más agudas y más graves, sobre todo en los ejercicios largos. Es preferible, si es necesario, parar sobre una nota, respirar y retomar el ejercicio en el pulso siguiente en lugar de intentar continuar a toda costa de manera forzada.

Ritmos más habituales

Los ritmos son la base de un trabajo efectivo del mecanismo. Se pueden hacer infinidad de ellos, pero el estudio regular con los que aquí se proponen basta para conseguir un buen control de la digitación:

Ejercicios de intervalos

Las notas entre las que se produce el movimiento descrito en cada ejercicio varían entre los instrumentos de la familia, dadas las diferentes digitaciones de cada uno, cada estudiante deberá adaptar los ejemplos al suyo propio.

EJERCICIO 40. Movimiento de un solo dedo

En este ejercicio se busca regularidad en el movimiento del dedo tanto cuando sube como cuando baja. Este movimiento es muy simple, y es fácil ser consciente de si la pulsación está siendo correcta y relajada. Hay que prestar atención al dedo que se mueve, pero también a los que quedan sobre el instrumento, porque en ocasiones son éstos los que van adquiriendo tensión.

Este tipo de ejercicio es muy conveniente para establecer una buena pulsación desde el inicio con el instrumento, pero también más adelante si aparecen o se detectan problemas de tensión o de regularidad. Esto último es importante: a menudo resulta más difícil controlar un pasaje en apariencia sencillo, porque los dedos vuelan sin control, mientras que otras digitaciones más complejas los mantienen más contenidos. No siempre lo más sencillo es lo más fácil.

EJERCICIO 41. Movimiento simultáneo de dos o más dedos

En este ejercicio debemos velar porque todos los dedos se levanten o tapen la llave a la vez. Se puede hacer muy despacio para comprobar que no se escucha una nota intermedia al mover sin querer un dedo antes que el otro. Al ganar en velocidad o al tocar con ritmos más complicados hay que conseguir la misma limpieza. Tal y como se explicó en el ejercicio núm. 40, hay que cuidar que la pulsación de todos los dedos sea precisa, pero relajada y sin tensión. Una vez tapado el agujero basta con dejar que el propio peso del dedo lo mantenga en su sitio, sin necesidad de seguir presionando.

EJERCICIO 42. Movimiento cruzado de dedos

Es similar al ejercicio anterior, pero con la particularidad de que mientras un dedo baja, el otro sube. En este ejercicio es más habitual que aparezcan notas intermedias no deseadas. Generalmente es debido a que el dedo que baja va con retraso con respecto al que sube, quedando en un momento los dos en el aire, produciendo la nota correspondiente a la digitación resultante. Una vez más, el cambio de ritmo reparte alternativamente el peso en una y otra nota, entrenándonos a sentir el movimiento del dedo que baja. Los dedos implicados pueden ser uno o varios (uno sube y dos bajan o viceversa), pero siempre la pulsación deberá permanecer igual de limpia.

EJERCICIO 43. Cambio de tesitura

En estos ejercicios se añade otro aspecto que se debe trabajar: independientemente del número de dedos que se mueva, y ya sean posiciones directas o cruzadas, además hay un salto, por lo que se combina el trabajo de la digitación con el de sonido del capítulo 4. En este caso se debe prestar mucha atención a la continuidad del envío de aire además de a la limpieza del movimiento de los dedos, porque la estabilidad de la columna de aire es la que proporciona seguridad al sonido. No conviene olvidar lo explicado en aquel capítulo: las notas agudas necesitan algo más de velocidad de aire que las graves para que no queden bajas y éstas un poco menos, aunque sin rebasar el límite que las mantiene

afinadas y con continuidad. Al trabajar estos ejercicios, tal y como hacíamos con los de emisión y flexibilidad, hay que mantener un control
constante de la columna de aire y de la emisión.

En este ejercicio suelen presentarse dos problemas distintos, uno al
subir y otro al bajar:

> ▶ Cuando se quiere alcanzar la nota aguda es frecuente apretar
> inconscientemente los labios, lo que repercute en la calidad del
> sonido. Debemos prestar atención para conseguir las notas de la
> tesitura aguda de la forma correcta, sin apretar la embocadura.

> ▶ Por otro lado, si no se adecua la velocidad del aire al volver a la
> nota grave pueden ocurrir dos cosas: si la velocidad es excesiva
> puede que la nota salga desafinada y estrecha o que, incluso, se
> mantenga en la octava superior, pero si se baja la velocidad por
> debajo del límite el sonido puede llegar a cortarse.

> ➤ **Consejo:** toma dos notas cualesquiera del instrumento y
> trabájalas repitiéndolas con ritmos y velocidades diferentes,
> como en los ejercicios anteriores, hasta que la pulsación y la
> ligadura sean perfectas tanto al subir como al bajar.

Ejercicios de agilidad y regularidad

Estos ejercicios son una aplicación práctica de lo trabajado en los ejercicios de intervalos. Su base es el trabajo de escalas y arpegios de diferentes tonalidades, utilizando diversos registros del instrumento y con
varios ritmos. Se pueden trabajar en una extensión de una, dos o tres
octavas, o utilizando todo el registro del instrumento, llegando hasta la
nota más aguda para bajar hasta la más grave y terminar en la tónica de
la escala, o utilizar sólo una tesitura determinada. Por otro lado, la velocidad del ejercicio siempre deberá estar adecuada a la dificultad de la

escala y del registro a trabajar, y deberá buscar la efectividad del mismo. De nada sirve intentar hacer más rápido un ejercicio que a determinada velocidad no se controla debidamente. Cualquier buen trabajo de mecanismo debe comenzarse a una velocidad realmente cómoda, donde se pueda sentir el fluir del sonido sin dificultad, o incluso aún más despacio. El que se invierta en trabajar lentamente no es tiempo perdido, bien al contrario, constituye un inmenso ahorro de tiempo de estudio.

La velocidad

Un buen sistema para ir ganando velocidad en cualquier pasaje es el siguiente:

▶ Tomar una escala, ejercicio o pasaje a una velocidad en la que nos sintamos realmente cómodos. Sentir la pulsación relajada de los dedos y el apoyo de las notas en el pulso y el compás, además del apoyo y la continuidad del aire. Repetirla con el metrónomo varias veces hasta notar realmente esas sensaciones.

▶ Trabajar esa escala o ejercicio con varios de los ritmos propuestos. Dos o tres repeticiones con cada ritmo son suficientes. Las notas largas del ritmo sirven de apoyo y relajación y las rápidas van dando agilidad a los dedos.

▶ Aumentar la velocidad del metrónomo un 5% y tocar el pasaje en notas iguales, repitiéndolo hasta volver a notar las sensaciones anteriores en la nueva velocidad.

▶ Repetir los pasos dos y tres hasta llegar a la velocidad deseada.

El trabajo de la velocidad requiere constancia. En un día de estudio puede llegarse a una velocidad máxima que al principio de la sesión del día siguiente vuelve a resultar poco segura, pero probablemente la velocidad cómoda de este segundo día será algo superior a la inicial de la víspera. Puede que en un día se gane un veinte por ciento de velocidad, y que al día siguiente sólo esté bien asentado un cinco por ciento, pero esto es ya una ganancia, un punto de partida más avanzado. Con la constancia en el trabajo y la acumulación de días de estudio se van sumando estos progresos, hasta llegar en poco tiempo a dominar el pasaje a la velocidad que se necesite.

Es interesante llevar un registro de la velocidad que se ha alcanzado de forma correcta cada día, para ir comprobando los progresos del trabajo regular y evitar la tentación de querer avanzar demasiado rápido. Esos aparentes grandes progresos en poco tiempo suelen resultar en realidad poco asentados y ocultan imperfecciones o problemas que se han ido dejando pasar y que a la larga habrá que corregir. Es mucho mejor y ahorra mucho tiempo de estudio un trabajo regular, asimilable, disciplinado y bien comprendido. Por ese motivo aquí se sugiere una progresión en la velocidad del 5% en los ejercicios y juegos que se proponen, aunque al estudiar nos creamos capaces y nos veamos tentados a ir más rápido. Si en realidad era una falsa sensación de seguridad, de esta forma habremos evitado problemas, y si realmente podíamos haber ido más rápido, este trabajo más pausado nos hará ganar en relajación, asentamiento de lo aprendido y facilidad con el instrumento. Un incremento del cinco por ciento es prácticamente imperceptible, y consigue que las sensaciones de control se reconozcan fácilmente en la nueva velocidad.

Frecuentemente se olvida un aspecto muy importante en el trabajo de la velocidad: ser capaz de tocar también más despacio. Hay obras que a base de tocarlas año tras año, sobre todo los profesores, acaban siendo casi un acto reflejo, algo que se hace de forma inconsciente y puede llegarse a perder el control, precisamente por estar demasiado sabidas. Los dedos parece que van solos, sin darse cuenta de que cada año se toca más rápido o de forma un poco más desordenada, y el aburrimiento o el exceso de confianza puede causar que la obra no esté todo lo bien mantenida que debiera.

Una buena prueba de que se domina una obra o un pasaje es saber tocarla a su velocidad, o incluso un diez por ciento más rápida, para mayor seguridad. Pero la prueba clave es poder tocarla también un diez o un veinte por ciento más lenta de su velocidad real. Es a esas velocidades donde se siente que se dominan los dedos, que éstos no se lanzan sin control y donde se recupera la sensación del pulso del compás y del fluir del sonido.

> ➤ **Consejo:** si quieres comprobar si realmente dominas la digitación de una obra, prueba si eres capaz de tocarla un cinco por ciento más rápido que su velocidad real, y después un diez y un veinte por ciento más lento.

Juegos para trabajar el mecanismo

Para mantener el interés en el estudio se pueden practicar una serie de juegos a aplicar en cualquiera de los ejercicios, o en algún fragmento concreto de los mismos o de las obras para trabajar un pasaje de especial dificultad.

En estos juegos se ha de ser riguroso y no hacer trampas.

JUEGO N° 1. Repeticiones

▷ Tomando un pasaje no muy largo, lo tocaremos a una velocidad cómoda y nos propondremos un número determinado de repeticiones, por ejemplo cinco. Lo tocaremos hasta conseguir las cinco repeticiones de forma correcta según lo que nos hayamos propuesto trabajar en cuanto a limpieza, regularidad, etc.

▷ Una vez conseguidas las repeticiones, tocamos el pasaje con una serie de ritmos diferentes y después subimos el metrónomo un 5%.

▷ Volvemos a repetir los pasos 1 y 2 hasta llegar a la velocidad deseada.

Antes de empezar el juego hay que establecer las reglas de lo que se va a considerar correcto y lo que no. Por ejemplo, si falla el primer ataque, si se va a prestar atención sólo a los dedos o también a la afinación y calidad de sonido, etc. Como siempre, el nivel de exigencia deberá ser el apropiado al nivel real de quien lo realiza y centrado en lo que se desea trabajar en ese momento.

JUEGO N° 2. Repeticiones consecutivas

Este juego es muy similar al anterior, pero bastante más difícil porque añade un componente psicológico de cierta tensión que a la vez que trabaja la mecánica del instrumento entrena al estudiante para concentrarse en lo que está tocando sin dejarse llevar por los nervios.

▸ Como en el juego núm. 1, tocamos con el metrónomo el pasaje a estudiar a una velocidad realmente cómoda y nos proponemos una serie de repeticiones, pero en este caso deben conseguirse de forma consecutiva. Si se falla en alguna de ellas, aunque sea la última, el marcador vuelve a cero. El estudiante debe abstraerse de qué repetición está haciendo y concentrarse en tocar la última tal y como hizo la primera porque, si todas las anteriores salieron bien, ¿por qué iba a fallar esa última?

▸ Una vez conseguidas todas las repeticiones propuestas, trabajamos el pasaje con varios ritmos y aumentamos la velocidad del metrónomo en un 5%.

▸ Repetimos los pasos 1 y 2.

JUEGO N° 3. Repeticiones consecutivas con gran final

Es igual que el juego núm. 2, pero en esta ocasión después de conseguida con éxito la última repetición pasamos a la gran final. Dejamos pasar unos segundos y volvemos a tocar el pasaje una última vez, que será la que decida el resultado. Si es correcta según las reglas del juego que habremos fijado previamente, continuaremos con el trabajo de ritmos y con el aumento paulatino de la velocidad, pero si no lo es, volveremos a empezar el juego a esta misma velocidad.

Con este juego se trabaja por un lado el control de los dedos mediante las repeticiones y por otro la concentración para un momento puntual. Al dejar pasar unos segundos entre la última repetición y la final se corta la inercia del ejercicio y es necesario un pequeño esfuerzo extra para visualizar de nuevo el pasaje, lo que nos prepara para la situación real del concierto, donde no se permiten repeticiones. Tal y como ocurría en el juego núm. 2, el estudiante debe ser consciente y buscar seguridad sabiendo que todas las repeticiones anteriores le han salido bien, y dejar que el pasaje fluya, evitando pensamientos parásitos que pongan en cuestión su capacidad. En definitiva, concentrarse en lo que quiere hacer y no en lo que quiere evitar, el error.

JUEGO N° 4. Una nota más cada vez... o una menos

Este juego es especialmente interesante para trabajar pasajes breves de mucha dificultad, como el registro sobreagudo, o cuando se aprende una nueva nota.

▶ Delimitamos el campo de juego, qué notas conforman el pasaje a estudiar. Por ejemplo:

▶ En lugar de tocar todo el pasaje, tocaremos con el metrónomo solamente las dos primeras notas, en sentido ascendente y descendente:

▶ Si salen bien (también habremos establecido las reglas antes de jugar), añadiremos una nota más a la serie:

▶ Continuaremos añadiendo notas, una a una, mientras sigan saliendo correctamente:

▶ Pero si algo falla, volveremos a la serie anterior:

▶ Y si ésta vuelve a fallar, quitaremos otra nota:

▶ Pero si esta vez sale bien, podremos volver a añadir una nota:

▶ Continuaremos con el juego hasta completar toda la serie.

▶ Si nos sentimos con ánimo y lo hemos establecido en las reglas del juego antes de empezar, podemos proponernos una gran final como en el juego núm. 3.

El objetivo de este último juego es obligarse a realizar un buen número de repeticiones al ir avanzando y retrocediendo, añadiéndole el aliciente de una cierta competitividad con uno mismo. Esta competitividad ayuda a la motivación y estimula el estudio.

Es muy importante empezar el ejercicio desde una tesitura y a una velocidad realmente cómodas, porque son las sensaciones de facilidad de esa tesitura las que habrá que saber trasladar a las notas difíciles. Al ir acercándose poco a poco al contenido más difícil, éste se asienta mejor y a la vez se automatiza de forma inconsciente el resto de digitaciones.

Una vez se ha completado la serie puede afianzarse con los juegos 2 y 3.

> **Consejo:** prueba todos los juegos anteriores con cualquier pasaje, con ritmos y velocidades diferentes y siempre con el metrónomo.

EJERCICIO 44. Escala con ritmos diferentes

Tomando la escala que queremos trabajar, decidimos la tesitura en que vamos a hacerlo y la vamos tocando con el metrónomo con varios ritmos que habremos elegido previamente.

Una serie completa para este trabajo sería la siguiente:

Como se puede observar, en este ejercicio se utilizan una serie de ritmos para pasar progresivamente de una velocidad lenta a otra que resulta ser el cuádruple de ésta. Los ritmos diferentes facilitan la progresión, y la alternancia de ritmos binarios y ternarios facilita la percepción de estos dos tipos de pulsación y ayuda a la lectura a primera vista.

Como ya se ha recomendado más arriba, este ejercicio y todos los de este capítulo deben trabajarse con el metrónomo. Se ha escogido la velocidad de negra=60 por ser la más adecuada para hacer la transición de lento a rápido. Además, si no se dispone de metrónomo en un momento dado, basta un reloj con segundero o un cronómetro para marcar la velocidad.

EJERCICIO 45. Escala con intervalos repetidos

En este ejercicio se toma cada par de notas y se repite dos o más veces. Las notas iguales que quedan seguidas deben articularse suavemente, para que queden definidas pero no afecten a la regularidad de la escala. Puede tocarse la escala completa o sólo parte de ella, según se deseen trabajar unos intervalos concretos o la regularidad de toda la escala.

La finalidad del ejercicio es conseguir fluidez en la digitación mediante la repetición relajada y controlada de un mismo gesto. Puede utilizarse con tonalidades fáciles para ganar en agilidad y soltura, o en otras más difíciles a velocidad más moderada para dominar las posiciones más complicadas.

También podemos tocar la escala con otros ritmos de cuatro notas...

... hasta repetir tres o más veces cada intervalo:

EJERCICIO 46. Otros intervalos y arpegios con ritmos diferentes

Tal como hacíamos en el ejercicio 44 con la escala, elegiremos una tonalidad y trabajaremos su escala utilizando intervalos diferentes, o el arpegio correspondiente. Podemos usar desde las terceras hasta las octavas, aunque teniendo en cuenta que la dificultad de todos los intervalos no es la misma y que tendremos que adecuar la velocidad.

Al trabajar la escala de esta manera van apareciendo nuevas combinaciones de notas y con ello de digitación, y de esta forma educamos a los dedos a responder de forma automática ante cualquier intervalo. En todo caso debe cuidarse sobre todo de la limpieza, la regularidad y el control por encima de la velocidad.

Como en los otros ejercicios, el trabajo con ritmos diferentes reforzará la sensación de la pulsación y ayudará a su limpieza y agilidad.

EJERCICIO 47. Escala en terceras, otros intervalos y arpegios con repeticiones

El funcionamiento de este ejercicio es exactamente igual al n° 45, pero utilizando para las repeticiones la sucesión de notas del intervalo elegido o del arpegio. Cuando se repite el intervalo el movimiento de los dedos se vuelve más exigente, sobre todo cuando son muchos los dedos implicados. Un pasaje que en puede pasar con facilidad una vez resulta más complicado al ser repetido.

Este trabajo refuerza la digitación y la limpia de imprecisiones, siempre y cuando la velocidad con que se realiza sea la adecuada. Prestaremos especial atención a los distintos tipos de movimiento de los dedos descritos en los ejercicios 40 a 43: movimiento directo, simultáneo, cruzado o por salto, para conseguir la máxima fluidez en todos ellos.

> Componer no es difícil, lo complicado es dejar caer bajo la mesa las notas superfluas.
>
> *Johannes Brahms* (1833-1897)

EJERCICIO 48. Series de escalas

En este ejercicio y en los siguientes se trabaja la regularidad de la pulsación de los dedos y del ritmo en una serie larga de notas. En caso necesario se puede interrumpir el ejercicio en un punto conveniente para respirar y después continuar, manteniendo siempre la regularidad.

Ayuda mucho al estudio repartir debidamente los apoyos en las diferentes partes del compás, respetando los pulsos fuertes y los débiles, de forma que también en este caso se refuerza la sensación de control sobre los dedos a la vez que se trabaja un fraseo básico.

También se puede trabajar este ejercicio haciendo *crescendo* o *diminuendo* según sube o baja la serie, o con un *crescendo* y *diminuendo* generales a lo largo de todo el ejercicio. Cada cual elegirá su opción antes de empezar. Todas ellas son igual de útiles y deben estar a disposición del instrumentista.

Es recomendable trabajar las series, como cualquier otro ejercicio, con diferentes ritmos y con la ayuda del metrónomo.

EJERCICIO 49. Series de escalas partiendo de una nota más larga

Este ejercicio es muy conveniente para trabajar la salida de una serie de notas rápidas después de una nota más larga. Hay que prestar especial atención a las notas rápidas que pertenecen al primer pulso de la serie, porque a menudo no tienen exactamente la duración que debieran y empujan al resto.

> ➢ **Consejo:** si piensas que dominas un ejercicio, compruébalo apagando el metrónomo y grabándote con el móvil.

> Los músicos sabios son aquellos que tocan lo que pueden dominar.
>
> *Duke Ellington* (1899-1974)

EJERCICIO 50. Series de intervalos

Es una variante del ejercicio 48, pero con un solo intervalo en cada serie, que debe hacerse hacia arriba o hacia abajo. Es otro ejercicio más de agilidad que contiene giros que son bastante habituales en el repertorio. Como todos los demás, también debe ser trabajado con ritmos diferentes.

Está claro que no es posible hacer en un solo día los once ejercicios aquí propuestos con todas sus variantes de ritmos, y aun menos si se combinan con diferentes articulaciones. En este capítulo se ha hecho una enumeración y descripción de ejercicios que trabajan de diferente manera aspectos relacionados con la digitación y el mecanismo, que se deben repartir de forma diferente en cada plan de trabajo personalizado.

Pueden ordenarse de forma que en un período determinado de tiempo se hayan ido completando todos, o bien elegir sólo los más convenientes según las necesidades de cada momento e integrarlos en la rutina diaria de calentamiento y mantenimiento.

El estudio de los trinos

En un capítulo dedicado al mecanismo merece mención aparte el trabajo específico de los trinos, tanto para conseguir la rapidez y regularidad
necesarias como para saber integrarlos en la frase según el estilo musical
de la obra.

El trino se produce al alternar rápidamente la nota real con la inmediatamente superior, generalmente moviendo un solo dedo. Los instrumentos disponen de llaves y posiciones especiales para los trinos cuando la digitación habitual obligaría a mover más de uno. Al igual que
ocurre al trabajar la regularidad del mecanismo en toda la tesitura del
instrumento, el problema es que no todos los dedos tienen la misma
agilidad y no todas las llaves son igual de pesadas, por lo que se impone
un trabajo para conseguir homogeneidad en todos los trinos. En ocasiones se han propuesto remedios mecánicos, como anillos de plomo en
los dedos, con la idea de fortalecer la musculatura, pero este tipo de
soluciones artificiales no son las más convenientes por el riesgo de le-
sión que conllevan. La práctica normal con el propio instrumento ofrece material suficiente para trabajar sin necesidad de recurrir a ellas.

El estudio de los trinos se puede dividir en dos partes: regularidad
y velocidad.

Para trabajar la regularidad pueden utilizarse los ritmos de la figura
siguiente, sobre una nota y su inmediatamente superior en un valor
largo, incrementando progresivamente la velocidad del metrónomo.

Para agilizar cada dedo y conseguir que adquiera soltura y velocidad se puede trabajar el ejercicio anterior con ritmos que contengan

una nota larga, donde los dedos puedan descansar, y otras muy rápidas donde poder lanzar el dedo que se mueve. Tanto en este ejercicio como en el anterior es muy importante mantener la dirección del aire hasta la última nota. De lo contrario, al debilitarse el sonido, el movimiento de los dedos es menos ágil y el sonido puede llegar a cortarse.

Una vez conseguida la agilidad imprescindible es necesario utilizarla adecuadamente. No todos los trinos se tocan a la misma velocidad ni con la misma intensidad. Éstas varían según el estilo de la obra y el momento de la frase donde se encuentre el trino: si es un punto de énfasis o es un simple relleno, si busca crear tensión o disiparla.

La velocidad puede variar dentro del trino, sobre todo si es largo, y la intensidad repartida a lo largo del mismo, que también puede cambiar, le da la dirección. Asimismo, hay que prestar atención al final del trino, para que resuelva con limpieza en la nota siguiente. A menudo va seguido de una resolución y otras veces no, pero en ambos casos debe cuidarse que el trino se integre con facilidad en la frase.

En ocasiones será musicalmente preferible parar el trino antes de la resolución, para darle un final más relajado. En este caso es necesario que la nota real forme un ritmo reconocible con la resolución. También la apoyatura, si el trino va precedido de una, debe estar integrada en él con una duración concreta. Aunque se permita cierto rubato sugerido por el fraseo, el espectador debe percibir siempre un movimiento comprensible. Lo mismo es aplicable a otros adornos, como los grupetos.

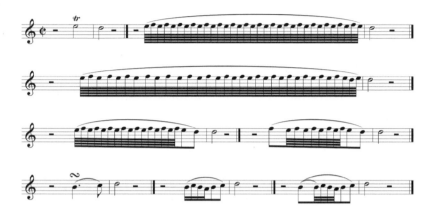

Cuando los trinos aparecen en pasajes de velocidad es especialmente importante prestar atención a la continuidad del aire para darles agilidad. En ocasiones se pueden empezar por la nota superior, pero no como una apoyatura, sino para lanzar el dedo con mayor velocidad desde el principio. Si se van alternando notas con trinos y otras sin ellos, es al sonido de éstas últimas al que hay que prestar mayor atención y pensar en alargarlas, porque la tendencia habitual es apoyar las que llevan el trino y dejar caer y acortar las otras, haciendo que la frase no fluya.

> **Consejo:**

• Cuando toques una frase con trinos u otros adornos pasa por ellos con naturalidad, sin detenerte y sin cortar el discurrir de la frase.

• Trabaja también la frase sin trinos, para comprobar que éstos no afectan al ritmo o al fraseo que quieres hacer.

7

CÓMO TRABAJAR UNA OBRA NUEVA

Afrontar el estudio de una nueva obra puede parecer un trabajo imponente si se intenta abarcar todo de una sola vez. Si desde el primer día se intenta dominar la pieza en su integridad con la pretensión de que todo sea correcto en cuanto a sonido, afinación, estilo, mecánica y fraseo, es muy fácil desilusionarse al constatar que no es posible. También puede ser frustrante no observar ningún progreso tangible después de haberle dedicado muchas horas de trabajo intenso pero inadecuado.

El estudio de cualquier repertorio se hace mucho más llevadero si se sabe dosificar el trabajo en partes más pequeñas y asimilables. Para ello se deben observar varios aspectos importantes de la pieza:

- Nivel de dificultad.
- Requerimientos técnicos y de digitación.
- Extensión del registro.
- Necesidades y tipo de sonido.
- Estilo y características musicales.
- Exigencia física.
- Tipo de agrupación con la que se va a interpretar.

Una vez establecidos los puntos anteriores, y tras haber comprobado que el nivel de dificultad es el adecuado en el momento actual del instrumentista, es posible dividir el estudio en varias partes.

Todas estas secciones o fases del trabajo deben estar específicamente orientadas a preparar cada pieza en concreto. Si se estudian varias piezas a la vez, cada una de ellas requerirá su propia planificación para que el trabajo resulte efectivo.

El trabajo específico de una nueva obra se puede dividir en:

▶ Lectura a primera vista.

▶ Análisis técnico, estilístico y formal de la obra.

▶ Planificación y realización del trabajo técnico específico.

  ➤ Sonido, afinación y emisión en la tesitura necesaria.

  ➤ Estudio del mecanismo en las tonalidades y velocidades principales de la obra.

▶ Trabajo del control y la resistencia física y mental para poder abordar la obra con comodidad.

▶ En los instrumentos de caña, elección del material más adecuado para la obra y el conjunto en que se va a tocar.

▶ Elaboración de la propia versión de la obra.

▶ Asentamiento y memorización.

Lectura a primera vista

Una buena idea para conocer los rasgos generales de una obra nueva es tocarla entera en una primera lectura de arriba a abajo a una velocidad próxima a la definitiva. La finalidad de esta lectura no es tocar la pieza de la mejor manera, sino detectar los puntos más difíciles que requerirán un trabajo detallado y encontrar los momentos más relajados. También permite hacerse una idea del nivel de exigencia física que requiere y de los puntos donde se podrá descansar y respirar convenientemente.

Antes de empezar con esta primera lectura se debe prestar atención a dos detalles importantes:

- Compás.
  - ➤ Velocidad de la pulsación.
  - ➤ Subdivisión: binaria o ternaria.
- Tonalidad.

Después de haber leído la obra ya es posible establecer un primer plan de trabajo, que se podrá ir adaptando a medida que se avanza en el estudio de la misma.

> ➤ **Consejo:** no te preocupes si tras la lectura a primera vista vuelves a tocar la pieza y te sale peor que la primera vez, es normal. La segunda vez seguramente habrás prestado más atención a los puntos difíciles, de forma inconsciente, provocándote inseguridad y haciendo que falles más a menudo. Seguro que la primera vez lo tocabas con más naturalidad y por eso los pasajes salían más fluidos. Con el estudio que se describe en los apartados siguientes volverás a conseguir esa soltura, pero esta vez dominando toda la obra.

El estudio de la lectura a primera vista

La capacidad de leer a primera vista depende en cierta medida de la habilidad innata del intérprete pero, como los demás aspectos del estudio instrumental, puede trabajarse de forma específica.

Además de fijarse en los dos puntos anteriores, es importante seguir estos consejos para mejorar la lectura a primera vista:

- No perder el sentido de la pulsación en ningún momento, aunque los ritmos se vayan complicando.

- Mantener la ubicación dentro del compás, sintiendo el apoyo en los pulsos fuertes.

> ❏ Pronunciar mentalmente el nombre de cada nota. No dejar que los dedos se muevan de forma confusa.

> ❏ Visualizar las notas por grupos, no individualmente.

Este último punto es muy importante. Es mucho más fácil comprender a primera vista el diseño rítmico o melódico contenido en un pulso que una sucesión indefinida de notas. No es lo mismo intentar leer dieciséis semicorcheas seguidas que ver un compás de cuatro pulsos con cuatro semicorcheas en cada uno:

Lo mismo ocurre si se lee el ritmo de cada pulso como un todo, y no como notas independientes. Las notas van agrupadas por corchetes precisamente por este motivo, para definir claramente el contenido de cada parte.

Por otro lado, la articulación también ayuda a reconocer a primera vista el sentido de cada frase y de los diferentes elementos que la forman, proporcionando unidad y significado a la lectura.

Los ejercicios de mecanismo y articulación de los capítulos 5 y 6 resultan de gran utilidad para reconocer los diferentes diseños rítmicos y melódicos que pueden aparecer en una pieza. Si se adquiere el hábito de trabajar diariamente escalas, intervalos y arpegios combinando diferentes ritmos y articulaciones, se conseguirá el automatismo necesario para que al tocar una obra el cerebro reconozca al instante el diseño de cada grupo de notas y el ritmo que les corresponde. De esta forma es posible comprender cada uno de ellos como una unidad de significado en lugar de como notas independientes, lo que facilita la lectura.

☐ **Experimento:**

• Lee un texto en tu idioma. La lectura te resultará sencilla porque ves cada palabra completa, no letra a letra, y comprendes su significado e intuyes su lugar y función en la frase.

• Ahora lee otro texto en un idioma distinto, pero que utilice el mismo alfabeto y la misma fonética. Verás que la lectura es mucho más lenta porque tienes que comprobar cada sílaba antes de leerla, y además no entiendes lo que estás leyendo.

Si trabajas sistemáticamente el mecanismo como en los capítulos 5 y 6, irás interiorizando muchos giros melódicos y rítmicos, lo que hará que los detectes automáticamente cuando te los encuentres a primera vista.

La lectura a primera vista mejora mucho con la práctica. Existen métodos específicos para ello, pero también puede utilizarse para la lectura cualquier partitura escrita para el propio instrumento o para otros. No se trata de trabajar esas piezas hasta dominarlas, sino de utilizarlas una sola vez como herramienta de trabajo.

> ➤ **Consejo:** tocar en una agrupación te ayudará mucho a mejorar tu lectura a primera vista porque normalmente se cambia de repertorio cada pocas semanas. Además, el conjunto toca siempre con un pulso regular, y si te equivocas no puedes parar y repetir. De esta forma te entrenas a volverte a encontrar y a continuar después de cualquier error o inseguridad.

Análisis

Para obtener una visión global de la obra, el análisis orientado a planificar el estudio de una nueva partitura debe ser de de tres tipos:

▶ Análisis técnico.

▶ Análisis armónico y formal.

▶ Análisis estilístico.

Para que el conocimiento de la obra sea más completo es aconsejable utilizar, siempre que sea posible, la partitura con el acompañamiento del piano o del grupo o de la orquesta.

Análisis técnico

Con este tipo de análisis se pretende localizar en la partitura los puntos que requerirán más trabajo y definir cuál es el tipo de dificultad técnica que presentan. Tras la primera lectura ya se pueden intuir cuáles son, pero lecturas posteriores, con o sin el instrumento, permitirán detectar más detalles.

Los principales tipos de dificultad que puede presentar una obra son:

▶ De digitación, debidos a posiciones complicadas o a la velocidad requerida.

▶ De sonido, causadas por la existencia de grandes saltos o por la duración de las frases.

▶ De tesitura, si hay pasajes muy agudos o muy graves.

▶ De articulación o de picado.

▶ De lectura, si es una obra rítmicamente difícil o utiliza giros melódicos no habituales o grafías diferentes.

▶ De resistencia, en obras de larga duración o al preparar un recital compuesto por varias obras.

Una vez reconocido el nivel de complicación de cada uno de los puntos anteriores en la obra es posible organizar el trabajo técnico de forma específica y efectiva.

Análisis armónico y formal

El análisis formal de la obra ayuda a reconocer en ella su estructura, las repeticiones y los pasajes similares, los momentos de mayor interés musical y aquellos en los que se calma la tensión de la frase. También permite saber en qué momentos se está interviniendo como solista, en cuáles se está jugando un papel de acompañamiento y la función de los demás instrumentos en cada momento.

Dentro de este análisis se pueden establecer varios niveles:

▶ El lugar que ocupa cada nota o diseño dentro de la frase o del compás: si es un punto fuerte o débil, y si es un momento de tensión o de reposo.

▶ El lugar que ocupa la frase dentro de esa sección concreta de la obra o de la obra en sí. Encontrar diferentes planos de intensidad entre las frases enriquece mucho la interpretación de la obra.

▶ El papel que desempeña el instrumento en cada momento con respecto al resto de instrumentos del grupo como solista o como acompañante.

Análisis estilístico

El estilo es la forma en la que se realizan en la práctica las ideas establecidas en el punto anterior y condiciona aspectos como la articulación, el color del de sonido y la intensidad y tipo de fraseo.

Reconocer el estilo de la obra proporciona pautas para buscar desde el principio una interpretación coherente con la época y las intenciones del autor.

Planificación y realización del estudio técnico

Con los datos que proporcionan la lectura y el análisis se puede establecer de forma objetiva la estrategia de trabajo más adecuada para cada obra en concreto. No será igual si se trata de una obra del Romanticismo con largas frases expresivas que al abordar una pieza de virtuosismo, y tampoco será la misma si se trata de una obra de vanguardia que explota todos los recursos del instrumento o de un concierto barroco, que utiliza una tesitura mucho más restringida con otros requerimientos estilísticos.

Dentro del estudio personal debe establecerse una rutina de trabajo diario que permita el mantenimiento básico del instrumentista en cualquier época del año y que abarque todos los temas explicados en los capítulos precedentes: sonido, articulación y mecanismo, además del repertorio. Esta rutina estará siempre adaptada a las propias necesidades, pero además se debe saber modificar en períodos determinados para profundizar en aquellos aspectos técnicos que en cada momento está requiriendo el repertorio.

Un intérprete eficaz debe tener un adecuado dominio de su instrumento, pero no es posible mantener un nivel máximo en todos aspectos de la técnica durante un período prolongado de tiempo. Una correcta adaptación de la planificación, realizando de forma responsable y eficaz el trabajo específico que resulta necesario en cada momento y dejando en un segundo plano relativo el resto, garantiza sacarle todo el partido evitando la monotonía y la saturación.

> ➤ **Consejo:** tu nivel técnico como instrumentista debe ir siempre un poco por delante del que requiere el repertorio que tienes que tocar. No se trata de tener siempre un nivel de virtuoso, sino de poder hacer frente con solvencia a cualquier compromiso. De esta forma tocarás con seguridad y podrás concentrarte en expresarte con tu instrumento.

Dentro del trabajo técnico de una obra se pueden distinguir dos etapas:

▮ **Estudio detallado** de los pasajes de dificultad. Una vez detectados éstos, pueden utilizarse los ejercicios de sonido, articulación y mecanismo propuestos en los capítulos anteriores, aplicando su estructura y forma de trabajo a los pasajes, intervalos y tesituras más utilizados en la obra. Ésta puede dividirse en secciones de tamaño variable según su dificultad.

▮ **Estudio de la continuidad** a todo lo largo de la obra. En esta fase se busca interconectar todos los pasajes para ofrecer una interpretación coherente.

No se debe soslayar ninguna de las dos fases. El trabajo por frases o pasajes individuales permite encontrar soluciones inmediatas a las dificultades que se presentan, pero la prueba real de que se domina la obra es cuando se es capaz de tocarla completa con la misma sensación de control desde el principio hasta el final.

> **Consejo:**

• No temas realizar indicaciones a lápiz en tus partituras, y procura que sean bien visibles. Te ayudarán a recordar los puntos importantes del fraseo, los lugares arriesgados y la solución que has encontrado para resolverlos, y también podrás ver desde lejos los sitios donde puedes respirar. De esta forma tocarás de forma más relajada y con más confianza.

• Grábate de vez en cuando, porque no siempre la sensación que tenemos al tocar se corresponde con lo que percibe quien nos escucha. Aunque la grabación no sea de muy buena calidad es una magnífica herramienta para tener una idea más objetiva de tus progresos.

El control físico y mental de la obra

Muchos pasajes aparentemente sencillos se complican cuando se tocan en el contexto general de la obra, porque no es lo mismo tocar una frase aislada que hacerlo después de varios minutos de interpretación ininterrumpida, cuando puede aparecer la fatiga, que puede ser tanto física como mental.

Tocar un instrumento tiene un indudable componente físico que afecta a la embocadura, a la respiración y a la posición general del cuerpo y, como toda actividad muscular, puede entrenarse. No basta con tocar mucho tiempo seguido para adquirir resistencia y control, es necesario hacerlo de la forma correcta.

Un buen entrenamiento físico para instrumentistas debe orientarse a conseguir principalmente dos objetivos:

▷ **Adoptar y mantener una posición corporal relajada y efectiva.** El punto de partida es conseguir una posición de la embocadura, del cuerpo y de éste con respecto al instrumento que resulte cómoda y eficiente. De lo contrario, la repetición de gestos forzados o poco naturales puede asentar errores de base que luego costará corregir.

▶ **Fortalecer la musculatura directamente implicada** y también la complementaria. Una vez conseguida y automatizada una posición correcta, se puede afianzar con ejercicios de sonido, repeticiones y series de escalas para ir logrando una mejor resistencia. En todo momento se deberá estar pendiente de la corrección del gesto. Esta corrección es más importante que la propia duración del ejercicio. Por otra parte, el esfuerzo físico que requiere un instrumento no se reparte por igual por todo el cuerpo y tampoco es simétrico, pudiendo ser más exigente en el lado izquierdo o derecho, según los instrumentos. Para prevenir lesiones o problemas de espalda es importante conocer y realizar regularmente una serie de ejercicios de estiramientos y fortalecimiento de la musculatura menos utilizada en la práctica instrumental.

Resulta obvio que la capacidad física y mental del intérprete debe ser bastante superior a la duración del repertorio a tocar. Una vez se ha trabajado la obra con detalle y se han superado sus dificultades técnicas llega el momento de asentar ese trabajo y darle continuidad, tocándola entera una o varias veces al día. Al tocar la obra completa también se mejora la comprensión de la misma y la capacidad de atención y de concentración durante un tiempo prolongado.

Para llegar al día del concierto con las máximas garantías, podría establecerse una planificación como esta:

▶ Una vez la obra está bien leída y los detalles relativamente trabajados: un movimiento entero de la obra cada día, al acabar la sesión de estudio.

▶ Varias semanas antes del concierto: la obra completa una vez al día, al terminar la sesión de estudio. Si el recital consta de varias obras, se pueden ir alternando a lo largo de los días.

▶ Dos semanas antes del concierto: la obra completa dos o más veces seguidas al día o una vez el programa completo del concierto, si incluye varias obras.

▶ La semana del concierto: una vez el programa completo dos veces en la semana.

▶ El día del concierto: un buen calentamiento con ejercicios aje-
nos al repertorio. Se puede probar la acústica de la sala con algunos pasajes de las obras a interpretar, pero no es recomendable repasar los más difíciles, por el riesgo psicológico que
conllevaría el hecho de que no salieran bien en esta prueba.

Siguiendo un plan como el anterior se garantiza la máxima capacidad física y psicológica dos semanas antes del concierto, y la semana
previa sirve de descanso y asimilación para llegar al concierto conservando las mismas cualidades y también las ganas de tocar. De esta forma, en el momento de la actuación se puede dirigir la atención a lo que
se quiere comunicar con el instrumento con la confianza de que muchas veces antes se ha sido capaz de hacerlo sin problemas.

Al igual que se precisa resistencia física para abordar la obra en el
concierto sin contratiempos, es importante desarrollar la capacidad de
atención a lo largo de toda la obra. Son de gran ayuda las imágenes mentales que cada uno puede imaginar y que permiten recordar fácilmente el
fraseo que se quiere hacer, o que incluso provocan el gesto físico requeri-
do en cada pasaje sin necesidad de pensar específicamente en él.

Por ejemplo, si se piensa en dirigir el sonido hacia un punto más o
menos elevado de la pared de enfrente se consigue que la lengua y la
embocadura realicen de forma inconsciente los movimientos descritos
en el capítulo 5, con lo que se asegura la emisión en los diferentes registros. De igual modo, si se piensa en enviar el sonido hasta la última fila
del patio de butacas se aumenta la proyección del sonido, mientras que
se si piensa en una distancia menor se consigue un sonido más recogi-
do. La memorización de estas imágenes, o incluso la de la sensación que
provoca cada nota al emitirla facilita la libertad del fraseo sin necesidad
de pensar en ese momento en los detalles técnicos, que se habrán trabajado previamente de forma específica y que ya estarán automatizados.

☐ **Experimento:**

• Cuando ya tengas tu obra bien afianzada, tócala entera intentando mantener en todo momento la máxima concentración.

• Después, pon en un reproductor o en la radio una música diferente a volumen moderado y vuelve a tocar la obra entera. Aunque la música de fondo te pueda molestar, te estarás entrenando para no perder la concentración y, si la pierdes, volver a dirigir tu atención a lo que estás tocando. En un concierto siempre puede haber interferencias que te distraigan, pero seguro que eres perfectamente capaz de abstraerte y dejarlas de lado.

Elección del material

En los instrumentos de caña tiene especial importancia una correcta elección del material a utilizar en cada obra, porque éste condiciona en gran medida las características del sonido y su capacidad de proyección y articulación. No existe la caña perfecta que atienda de igual manera todos los requerimientos y en todas las circunstancias, porque no se necesita el mismo material para tocar un solo de orquesta de unos pocos compases que para tocar como solista una pieza de virtuosismo, y tampoco se utiliza el mismo material en una banda o en un pequeño grupo de cámara.

Al elegir el material se deben tener en cuenta los requerimientos de la obra a tocar en cuanto a:

▶ Cantidad de sonido.

▶ Timbre y color del sonido.

▶ Agilidad y flexibilidad de la emisión.

▶ Capacidad de articulación.

Probablemente, una caña que permita tocar fuerte con calidad será un poco pesada para lograr un *staccatto* ágil, y una caña de articulación muy fácil puede ofrecer un sonido más claro que no empaste fácilmente con el resto de instrumentos. Corresponde al intérprete elegir para cada obra qué características quiere priorizar y cuáles pueden quedar relativamente soslayadas, en todo caso sin rebasar un mínimo de calidad.

Todo el material a utilizar en el concierto debe estar probado anteriormente. Es muy arriesgado tocar con cañas nuevas que, por su evolución natural, pueden cambiar mucho a lo largo de la actuación.

> ➤ **Consejo:** para el concierto debes disponer de varias cañas. Nunca retoques ese día la mejor que tengas. Si lo necesitas, retoca la segunda mejor. Si ésta te acaba gustando más que la que antes preferías, pasa a ser la primera, así que ahora podrás retocar la anterior con la seguridad de no estropear tu mejor caña.

El artista que alardea de no estar nunca nervioso no es un artista, es un mentiroso o un loco.

Enrico Caruso (1873-1921)

Elaboración de la propia versión de la obra

La palabra para referirse a la persona que toca un instrumento puede ser, obviamente, instrumentista, y también músico, artista, o refiriéndose al propio instrumento, flautista, oboísta, clarinetista, fagotista o saxofonista. Pero la palabra que mejor y de una forma más amplia define la labor de esta persona es intérprete.

Interpretar es, según la RAE: «Ejecutar una pieza musical mediante el canto o instrumentos», pero también «Explicar o declarar el sentido de algo, principalmente el de un texto». Esta última acepción es la más importante, porque implica la necesidad de que lo que se comunica tenga un sentido.

El compositor elabora el texto y realiza en su partitura una serie de indicaciones a las que el instrumentista, con mayor o menor libertad según las épocas, deberá buscar un significado y saber comunicarlo a los demás. En este sentido, no debe ser un mero copista de lo que ya han hecho otros, ni un simple reproductor del texto escrito. Tiene que utilizar sus propios recursos y conocimientos acerca del estilo y la época del autor para ofrecer al espectador una interpretación coherente y con capacidad de conmover.

Es fácil encontrar en la discografía y en Internet multitud de versiones de cada obra, de mejor o peor calidad, pero no es aconsejable empezar el estudio de una nueva obra escuchándolas. Es mejor hacerlo cuando ya se han dado los primeros pasos en el estudio de la pieza y se han ido elaborando algunas ideas personales. Si se conoce el estilo y la estructura de la obra y se ha trabajado bien, es fácil comprobar que la propia versión no suele diferir en lo fundamental de lo que se escucha en la mayoría de las demás, con el añadido de detalles originales que enriquecen la interpretación de la obra.

> ➤ **Consejo:** puedes escuchar muchas versiones distintas de cada obra y recoger detalles de todas ellas, pero cuando pienses en cuál va a ser tu propia versión, no te limites a copiar fragmentos sueltos de otros músicos. Observa porqué ese intérprete toca cada detalle de una manera concreta integrado en el contexto general de la obra. Si no lo haces, corres el riesgo de hacer un patchwork de efectos sin mucho sentido.

> ➤ **Consejo:** en movimientos lentos, o en obras con valores de las notas muy largos, fíjate antes de empezar en un pasaje que tenga algo más de movimiento, no necesariamente el comienzo de la pieza. De esta forma te será más fácil recordar la velocidad a la que la sueles tocar y el fraseo y el estilo con el que lo haces.

Asentamiento y memorización

Toda obra necesita un período de tiempo para asentarse y decidir si las ideas con las que se estudió en un principio mantienen su vigencia. Es interesante montar la obra unos meses antes de tener que tocarla, para después dejarla descansar una temporada y volverla a retomar unas semanas antes del concierto. En esta segunda lectura quizá aparezcan detalles que pasaron desapercibidos o simplemente se siga avanzando por las vías ya emprendidas.

También puede ocurrir que con el tiempo la idea que se tiene de la obra vaya evolucionando y se cambie la versión que se hace de la misma. Todo esto contribuye a un mejor conocimiento de la obra y ayuda a tocarla con confianza.

La memoria es una excelente herramienta de trabajo para aumentar la seguridad del instrumentista y la comprensión de la obra. Poder tocarla de memoria, aunque después se haga en público con la partitura, sitúa al intérprete en todo momento dentro de la obra y mejora la coherencia del fraseo con la tranquilidad de saber siempre qué viene después.

Realizar la propia actuación real de memoria debe ser siempre una decisión del intérprete. En el piano y los instrumentos de cuerda es habitual que los solistas toquen de memoria, y es una práctica que se ha ido introduciendo en los instrumentos de viento, aunque no es mayoritaria. Cada uno debe reconocer si tocar de memoria le da más libertad para independizarse de la partitura y concentrarse en la música o si, por el contrario, le provoca un punto de inestabilidad que afecta a su interpretación.

> ➤ **Consejo:** aprender e interpretar el repertorio de memoria supone una carga extra de trabajo que debes decidir si te resulta rentable. Incluso hay algunos pianistas que tocan con partitura. Sviatoslav Richter afirmaba que prefería dedicar el tiempo que necesitaría para memorizar las obras en aprender nuevo repertorio.

8

UN PLAN DE TRABAJO
PERSONALIZADO

Para que un plan de trabajo resulte efectivo debe tener en cuenta las aspiraciones y capacidades de quien lo va llevar a cabo. No es igual el trabajo que debe realizar un debutante que el que necesitan un estudiante avanzado o un profesional. En todos los casos es preciso hacer un análisis inicial que muestre cuál es el punto de partida objetivo y proporcione una idea realista de hasta donde se puede llegar. Una vez establecidos estos puntos, se trata de utilizar las herramientas metodológicas y las estrategias de estudio más adecuadas para aprovechar cada minuto de la manera más eficiente.

Para tocar bien un instrumento no existen fórmulas mágicas: es necesario estudiar muchas horas, sin esfuerzo no hay recompensa. Pero la simple acumulación irreflexiva de tiempo de estudio o la repetición de ejercicios por el mero hecho de que son los que siempre se hacen o porque son los que están en la programación del curso no lleva a ningún lado. En el peor de los casos será tiempo perdido, y en la mayoría de ellos, tiempo aprovechado sólo en parte porque muchos de los contenidos no son los que convenían en ese momento.

Hay que dedicar mucho tiempo al trabajo, sobre todo en la etapa de estudios profesionales o superiores del instrumento, pero la cantidad de tiempo de estudio no es igual para todas las personas. De nada sirve decir que en segundo curso de grado superior hay que estudiar cuatro horas al día. ¿Cuatro, porqué cuatro? ¿Y porqué no cinco, o tres? ¿Todos los días igual, o se pueden permitir cambios? ¿Qué hay que hacer en esas horas, o es que no importa mientras se cumpla el tiempo establecido?

Habrá personas muy dotadas que consigan los resultados propuestos en la mitad de tiempo que las demás, y otras necesitarán el doble. No es ni mejor ni peor, es simplemente que todas las personas son diferentes y con distintas aptitudes y actitudes ante la vida. A este respecto suelen darse varios casos:

▶ Quizá un estudiante genial no tenga la virtud de la paciencia, confíe demasiado en su capacidad innata y no cumpla con ese mínimo de trabajo que, a pesar de todo, necesita.

▶ Puede ocurrir que alguien más torpe en apariencia sea más consciente de sus capacidades y limitaciones, sea constante y sepa organizarse de tal modo que sus resultados superen las expectativas.

▶ También puede ser que un estudiante que necesita algo más de trabajo que sus compañeros confíe en que con la misma dedicación que éstos le será suficiente y se quede a mitad de camino.

▶ Alguno habrá que se limite a esperar a que sus profesores, o un libro, le resuelvan sus problemas sin esfuerzo alguno por su parte.

Enseñar una cosa puede ser cuestión de minutos para quien la explica, pero aprenderla realmente puede llevar años a la otra persona. No basta con saber cómo se hace un ejercicio y para qué va a servir, es necesario hacerlo en la práctica y repetirlo el número suficiente de veces para sacarle provecho. Puede que, a pesar de todo, al final no dé los resultados esperados, entonces se hará necesario analizar el porqué, adaptar el plan y buscar otro diferente, pero siempre después de haberse implicado realmente en el trabajo.

> ➤ **Consejo:** para llegar a tocar con facilidad es primordial la regularidad y la organización del estudio. Avanzarás más rápido con unos minutos diarios de cada uno de los tipos de trabajo descritos en este libro que con largas sesiones sin continuidad al día siguiente.

Puede que las proporciones indicadas en la cita anterior no sean exactas, pero es innegable que los dos factores son imprescindibles: por mucha facilidad que se tenga, siempre será necesaria una determinada carga mínima trabajo, y si, por otra parte, se carece de un cierto talento, las horas invertidas en el trabajo del instrumento serán tiempo perdido.

Lo más importante es que cada cual sepa decidir personalmente, o con la ayuda de sus profesores o colegas de confianza, qué debe trabajar en cada momento y sea capaz de elaborar su propia estrategia utilizando los ejercicios aquí propuestos u otros que considere más convenientes para sus necesidades. El hecho de ser uno mismo quien prepara su propio plan de trabajo tiene la ventaja añadida de la motivación que proporciona saber a ciencia cierta cuales son los objetivos perseguidos, haber elegido personalmente los ejercicios más oportunos para conseguirlos y poder adaptar el plan sobre la marcha según sus progresos y las circunstancias lo exijan. Anotar en una libreta lo que se ha trabajado cada día y las sensaciones que se han tenido ayuda a organizar el estudio y a ser consciente de los progresos, a la vez que proporciona datos objetivos para introducir mejoras en la planificación.

> ➤ **Consejo:** es muy importante tener una idea clara de los propios puntos fuertes y los débiles, para afianzar unos y mejorar los otros, pero sin caer en la obsesión.
>
> Esta idea se puede resumir en una frase: sé consciente de tus carencias, y disfruta de tus virtudes.

Un estudio diario bien organizado en cualquier nivel debería incluir sistemáticamente:

- Ejercicios de respiración y sonido.
- Ejercicios de mecanismo y articulación.
- Estudios.
- Obras del repertorio.

Además de trabajar lo programado para ese día, es muy necesario mantener la ilusión y la motivación en el estudio. Para eso, nada mejor que empezar cada sesión tocando algo que resulte realmente agradable. Poco importa de qué se trate: una obra nueva, una estudiada años atrás, un fragmento de un estudio o simplemente una improvisación. Lo importante es que ayude a recordar porqué un día se decidió embarcarse en el aprendizaje de un instrumento. Empezar el estudio diario directamente con el trabajo técnico en frío puede ser frustrante. Bastan un par de minutos de libertad, de tocar por el simple placer de hacerlo, para que el estudio se empiece con mejor humor.

Lo mismo se puede decir del final de la sesión: puede que ésta haya sido muy productiva o que, por el motivo que sea, las cosas no hayan funcionado como debieran, porque puede haber circunstancias personales o externas que repercutan negativamente en el estudio. En cualquier caso, no es conveniente terminar la sesión con una sensación pesimista o negativa. Después de haber hecho el trabajo programado, no importan los resultados que haya dado, unos minutos más de tocar cualquier otra cosa porque es lo que se desea hacer, prepara el ánimo para el estudio del día siguiente.

> **Consejo:** si quieres trabajar algo concreto no dudes en cambiar el contenido programado de una clase o de una sesión de estudio, pero procura no perder la estructura de la sesión y mantén al menos un poco de cada uno de los tipos de trabajo.

El estudio de un instrumento, máxime cuando se le dedican varias horas al día, requiere de un gran esfuerzo físico, por lo general con movimientos reiterados sobre posturas del cuerpo relativamente estáticas. Si no se observa detenidamente la colocación general y la corrección de todos los gestos, pueden aparecer problemas de tensiones y sobrecargas debidas a una mala postura o a la repetición de los movimientos con una musculatura no lo suficientemente fortalecida. Un fisioterapeuta especializado en músicos es la persona más indicada para detectar incorrecciones en la postura y para aconsejar cuál es la más indicada para cada persona con su instrumento.

Cada sesión de estudio debería empezar y terminar con ejercicios de estiramientos y de calentamiento físico y movilización del tronco y de las extremidades para prevenir lesiones. También es interesante realizar regularmente ejercicios de fortalecimiento de la musculatura involucrada en la práctica del instrumento y de la musculatura complementaria, para evitar desequilibrios en la postura del cuerpo.

> ➤ **Consejo:** al estudiar procura concentrar tu atención en un solo detalle cada vez: afinación, estabilidad del sonido, vibrato, fraseo, regularidad de los dedos, etc. Si consideras que has conseguido lo que te habías propuesto, puedes repetir el ejercicio fijándote en otra cosa. De esta forma reforzarás tu seguridad y autoestima al percibir una mejora tangible en aquello que estabas trabajando.
>
> Si no lo haces así y pretendes abarcar todo desde el principio puedes desanimarte.
>
> Con la práctica y la repetición de los ejercicios, todos los aspectos técnicos mejorarán e irán confluyendo en una técnica segura y de calidad.

Al principio del primer año de estudio ya aparecen la mayoría de los elementos técnicos que conforman el hecho de tocar un instrumento. A partir de ese momento, toda la carrera del músico será una constante evolución y desarrollo de los mismos: se irá ganando en en complejidad y velocidad, se automatizará y fijará cada gesto y se mejorará la calidad de sonido pero, a excepción de algunos aspectos como el vibrato, el doble picado o distintos efectos de sonido, en este inicio ya están presentes todos los demás, aunque sea a un nivel elemental:

- Colocación del cuerpo.
- Respiración.
- Embocadura.
- Emisión y control del sonido.
- Articulación.
- Digitación y mecanismo.

La evolución posterior del instrumentista dependerá de que en ese comienzo se hayan establecido correctamente las bases de cada uno de esos aspectos y de que se sepa consolidar y hacer evolucionar todos ellos mediante un completo plan de trabajo que los incluya sin excepción con un nivel de exigencia adecuado a cada momento.

A continuación se sugieren dos niveles de planificación del trabajo diario aunque, como se ha insistido a lo largo de todo este libro, es cada estudiante quien deberá adaptarlos a su instrumento, sus objetivos, aptitudes y posibilidades de dedicación, y saber elegir el tipo de ejercicio más adecuado:

▶ **Iniciación.** Personas de cualquier edad que empiezan con el instrumento sin experiencia previa.

▶ **Estudiante y Mantenimiento.** Estudiantes en progresión e instrumentistas que desean mantener o mejorar su nivel instrumental y artístico.

El genio se compone del dos por ciento de talento y del noventa por ciento de perseverante aplicación.

L.v. Beethoven (1770-1827)

PLAN DE TRABAJO DIARIO. INICIACIÓN	
Calentamiento	Ejercicios suaves de movilización del cuello y los brazos
	Ejercicios de respiración
	Unos minutos de tocar libremente
Control del sonido	Ejercicios con la caña o la boquilla
	Notas tenidas Octavas
Mecanismo y articulación	Escalas en una tesitura cómoda, con varios ritmos y articulaciones, preferentemente en la tonalidad de los estudios o la obra a trabajar
Estudios	Estudios de digitación y mecanismo adecuados al nivel
Repertorio	Obras de diferentes estilos
Descalentamiento	Unos minutos de tocar libremente
	Ejercicios suaves de relajación del cuello y los brazos

➤ **Consejo:** presta atención a tus sensaciones cuando estás estudiando. Tocar mucho tiempo seguido un instrumento puede ser cansado, pero nunca debe hacer daño. Si sientes algún dolor, revisa tu técnica para detectar su origen y corregirlo y, si es necesario, consulta con un especialista.

PLAN DE TRABAJO DIARIO. ESTUDIANTE Y MANTENIMIENTO			
Calentamiento	Ejercicios de movilización del tronco, cuello y brazos. Estiramientos. Ejercicios de respiración.		
	Unos minutos de tocar libremente		
Control del sonido	Ejercicios con la caña o la boquilla		
	Notas tenidas	Octavas	Otros intervalos
	Con y sin variación de intensidad Con y sin vibrato		
Mecanismo y articulación	Escalas	Terceras y otros intervalos	Arpegios	Intevalos repetidos
	Ritmos y articulaciones variados y combinaciones de ambos		
Estudios	Estudios melódicos		
	Estudios de mecanismo		
Repertorio	Una obra para trabajar a largo plazo	Una obra para estudiar en pocas semanas	
Descalentamiento	Unos minutos de tocar libremente		
	Ejercicios de relajación del tronco, cuello y brazos. Estiramientos		

➤ **Consejo:** ve alternando los ejercicios que haces de cada tipo. Hay suficientes como para que puedas trabajar todo lo que necesitas sin caer en la monotonía.

BIBLIOGRAFÍA

CALAIS-GERMAIN, B., *La respiración*, La liebre de marzo, Barcelona, 2006.

CALVO-MANZANO, A., *Acústica fisco-musical*, Real Musical, Madrid, 1991.

JOPPIG, G., *Oboe & fagot*, Schott, Mainz, 1984.

McKAY, M. y FANNING, P., *Autoestima. Evaluación y mejora*, Martínez Roca, Barcelona 1991.

MEYLAN, R., *La Flûte*, Payot, Lausana, 1974.

MICHELS, U., Atlas de música, Alianza, Madrid 1982.

OLAZABAL, T., *Acústica musical y organología*, Ricordi, Buenos Aires, 1954.

OROZCO, L. y SOLÉ, J., *Tecnopatías del músico*, Aritza, Barcelona, 1996.

RICQUIER, M., *Traité Méthodique de pédagogie musicale*, Billaudot, Paris.

WYE, T., *Teoría y práctica de la flauta*, Mundimúsica, Madrid, 1988.

AGRADECIMIENTOS

El primer agradecimiento tiene que ser para dos personas que ya no están con nosotros. La primera es mi padre, Juan Mari Ruiz de Sola, quien como oboísta aficionado me supo introducir en el mundo de la música, y la otra Jacky Morel, mi maestro. He conocido a muchos otros profesores, pero sin sus consejos yo nunca habría sido el oboísta y el profesor que soy.

Para dar forma a un libro como este, dedicado a varios instrumentos distintos al mío, he contado con la colaboración de varias personas que me han ayudado a adaptar a todos ellos mis ideas y los ejercicios que practico en mis clases de oboe, y cuyos consejos desinteresados me han ido guiando durante los meses que he dedicado a este ilusionante proyecto.

Quiero expresar mi más sincero agradecimiento a mis amigos de la Orquesta Sinfónica de Euskadi Javier Lecumberri, Hervé Michaud, Tomás Ruti y Carles Rosat, así como a Francisco Javier Sancho, de la Orquesta de Radiotelevisión Española, y a mis compañeros del Conservatorio Superior de Música de Navarra Laura Moreno, Julio Escauriaza, Virginia Martínez-Peñuela y Fernando Sesma.

No quisiera tampoco olvidar a Jon Berruezo, Beatriz Monreal y María Arratíbel, profesores de oboe como yo, con los que he compartido buenos momentos de intercambio de opiniones .

También quiero dar las gracias a Ainara Galarza y Ane Ruiz por sus horas dedicadas a la paciente lectura y revisión del manuscrito.

Por último, agradecer a Martí Pallás la confianza depositada en mí para la redacción de este libro.

JMR

Taller de música

CÓMO VIVIR SIN DOLOR SI ERES MÚSICO
Ana Velázquez

Los músicos están expuestos –más que la mayoría de las profesiones– a lesiones musculares y articulares debido a la repetición de sus movimientos. La mejor manera de prevenirlas es enseñando desde los comienzos la más óptima colocación del instrumento y evitar las alteraciones en el sistema postural.

Este libro ofrece los recursos necesarios en cada tipo de instrumento para mejorar la postura interpretativa y evitar lesiones que mermen el trabajo de un músico. Tiene como finalidad optimizar el rendimiento y calidad artística del músico ya que ofrece recursos para mejorar la postura interpretativa y en consecuencia la relación que cada músico tiene con su instrumento.

TÉCNICA ALEXANDER PARA MÚSICOS
Rafael García

La técnica Alexander es cambio. Un cambio de conducta que implica una visión más amplia de la música y del intérprete. La atención no se centra exclusivamente en los resultados, sino también en mejorar y cuidar todas aquellas áreas que conducen a una experiencia musical más satisfactoria.
Aprender a ver más allá del atril, levantarse de vez en cuando de la silla para tomar aire y reemprender la tarea con energía renovada, representa una medida saludable para el músico.
La técnica Alexander toma de la mano tanto las necesidades artísticas del intérprete, como los pilares del funcionamiento corporal que promueven en él una postura sana y movimientos libres. El resultado es beneficioso para ambos. La faceta artística del músico se amplía enormemente al reducir el número de interferencias en la interpretación, y a su vez, el bienestar corporal alcanzado lleva a una experiencia de mayor satisfacción.

MUSICOTERAPIA
Gabriel Pereyra

Este libro ofrece un viaje por el mundo del sonido y del ritmo.
A lo largo de sus páginas irán apareciendo un sinfín de posibilidades inexploradas que puede otorgar el poder de la música, acompañadas de diversos ejemplos para mejorar el nivel de relajación o aumentar la concentración, y otros para combatir el estrés o aliviar el dolor.
Gracias a los ejercicios planteados, el lector podrá desarrollar su musicalidad y alcanzar el equilibrio en la vida cotidiana, agudizando los sentidos, y mejorando su salud física y mental.

- La influencia de la música sobre el cuerpo humano.
- Los cuatro tipos de oyentes.
- El efecto Mozart.

En la misma colección Ma Non Troppo / Taller de:

Taller de música:

Cómo potenciar la inteligencia de los niños con la música - *Joan Maria Martí*

Ser músico y disfrutar de la vida - *Joan Maria Martí*

Aprendizaje musical para niños - *Joan Maria Martí*

Cómo desarrollar el oído musical - *Joan Maria Martí*

Cómo preparar con éxito un concierto o audición - *Rafael García*

Técnica Alexander para músicos - *Rafael García*

Entrenamiento mental para músicos - *Rafael García*

Musicoterapia - *Gabriel Pereyra*

Cómo vivir sin dolor si eres músico - *Ana Velázquez*

El lenguaje musical - *Josep Jofré i Fradera*

Mejore su técnica de piano - *John Meffen*

Guía práctica para cantar - *Isabel Villagar*

Guía práctica para cantar en un coro - *Isabel Villagar*

Técnicas maestras de piano - *Stewart Gordon*

Cómo ganarse la vida con la música - *David Little*

Home studio: Cómo grabar tu propia música y vídeos - *David Little*

Aprende a improvisar al piano - *Agustín Manuel Martínez*

Cómo leer música - *Harry y Michael Baxter*

Taller de teatro:

El miedo escénico - *Anna Cester*

La expresión corporal - *Jacques Choque*

Cómo montar un espectáculo teatral - *Miguel Casamayor y Mercè Sarrias*

Manual del actor - *Andrés Vicente*

Guía práctica de ilusionismo - *Hausson*

El arte de los monólogos cómicos - *Gabriel Córdoba*

La práctica de los monólogos cómicos - *Gabriel Córdoba*

Taller de escritura:

El escritor sin fronteras - *Mariano José Vázquez Alonso*

La novela corta y el relato breve - *Mariano José Vázquez Alonso*

Cómo escribir el guión que necesitas - *Miguel Casamayor y Mercè Sarrias*

Taller de comunicación:

Periodismo en internet - *Gabriel Jaraba*

Youtuber - *Gabriel Jaraba*

¡Hazlo con tu smartphone! - *Gabriel Jaraba*

Taller de cine:

Producción de cine digital - Arnau Quiles e Isidre Monreal